SARKER PROTICK

অঙ্গার . AWNGAR

HARTMANN BOOKS

AFTER NATURE
ULRIKE CRESPO
PHOTOGRAPHY PRIZE **24**

GRUSSWORT

Christiane Riedel, Mitglied des Vorstands, Crespo Foundation

Laura Huertas Millán und Sarker Protick sind die ersten beiden Gewinner:innen des *After Nature . Ulrike Crespo Photography Prize*. In ihren prämierten Projekten blicken sie aus verschiedenen Perspektiven und geografischen Kontexten auf unsere durch die Moderne geprägte Beziehung zur Natur. Gemein ist ihnen ihr tiefes Interesse an der Geschichte und den Wurzeln unseres Verhältnisses zur Welt, die uns umgibt. In der Überblendung von Historischem und Gegenwärtigem, von Fiktionalem und Realem treten Wahrheiten zutage, die das Dokumentarische erweitern. Wann haben wir gelernt, die Folgen massiver Eingriffe in die Landschaft zum Abbau von Rohstoffen auszublenden? Woher kommt die Vorstellung, frei über die Natur und die Menschen, die sie bewohnen, verfügen zu dürfen?

Mit dem *After Nature Prize* haben die C/O Berlin Foundation und die Crespo Foundation ein in Deutschland einzigartiges Format zur Förderung internationaler Künstler:innen mit einem Interesse an Natur, Fotografie und visuellen Medien initiiert. Jährlich ermöglicht der Preis die Umsetzung zweier rechercheintensiver Projekte, welche die tradierte Trennung einer »ursprünglichen« Natur auf der einen und einer »geformten« Kultur auf der anderen Seite hinter sich lassen. Gerade weil technische Bildmedien wie Fotografie und Film unseren Blick auf die Natur so sehr prägen und berühren, leisten diese im Zusammenhang mit dem Preis entstehenden Projekte wichtige Arbeit für die Zukunft. Sie schärfen unser Bewusstsein für komplexe globale Zusammenhänge und lassen uns die Bedeutung von Bildern erkennen.

Der *After Nature Prize* ist Ulrike Crespo gewidmet, die sich als Fotografin fast ausschließlich mit Natur, Landschaften und Pflanzen beschäftigte. In einigen ihrer Fotoserien spielt die Beziehung von Natur, künstlerischem Bild und technischem Apparat eine besondere Rolle. Der Titel *After Nature* zielt doppelsinnig auf die Fotografie als technisch erzeugtes Bild einer vom Menschen durch Technik geprägten Natur. Die Urheber:innen dieser technischen Bilder sind im Zeitalter des Anthropozäns, des Techno- oder Novozäns besonders befähigt und herausgefordert, das Verhältnis von Mensch und Natur mit ihren Apparaten neu zu reflektieren. Die daraus resultierenden Ausstellungen werden sowohl bei C/O Berlin als auch im neuen Crespo Open Space in Frankfurt am Main präsentiert und sind fortan ein fester Bestandteil im Programm beider Institutionen.

Für die Konzeption und Umsetzung des Preises ist C/O Berlin der ideale Partner. Großer Dank für Inspiration und Kooperation gilt Stephan Erfurt und Louisa Seelis, Katharina Täschner und Boaz Levin sowie dem ganzen Team.

GREETINGS

Christiane Riedel, Member of the Board, Crespo Foundation

Laura Huertas Millán and Sarker Protick are the first recipients of the *After Nature . Ulrike Crespo Photography Prize*. Their prizewinning projects both examine – albeit from different perspectives and geographic contexts – our relationship to nature that has been shaped by modernity. Both artists share a deep interest in history and the roots of our connection to the world around us. By superimposing history and present, fact and fiction, they reveal truths that expand how we understand documentary image-making. When did we learn to ignore the consequences of major operations to extract resources from the landscape? Where does our concept that nature and the people inhabiting nature are at our disposal come from?

The *After Nature Prize* is a format without parallel in Germany that was initiated by the C/O Berlin Foundation and the Crespo Foundation to promote international artists who are interested in nature, photography, and visual media. Every year the prize helps implement two research-intensive projects that move beyond the traditional dichotomy of "primal" nature and "formed" culture. Particularly because image-producing technologies such as photography and film are so decisive in forming our view of nature and striking a chord, the projects created within the framework of this prize are doing important work for our future. They raise our awareness about complex global interconnections and allow us to understand the meaning of images.

The *After Nature Prize* is dedicated to Ulrike Crespo, who as a photographer was primarily concerned with nature, landscapes, and plants. In her series, the relationship between nature, artistic image, and technical equipment plays an important role. The title *After Nature* ambiguously refers to photography as a technically created image of nature that has been shaped by humans through technology. In the Anthropocene, the Technocene, and Novacene, the creators of these technical images are particularly empowered and challenged to reflect anew on the relationship between humans and nature with their apparatuses. From now on, the resulting exhibitions, which will be presented both at C/O Berlin and at the new Crespo Open Space in Frankfurt am Main, will be an integral part of the programs of both institutions.

C/O Berlin is an ideal partner for conceiving and implementing this prize. I would like to extend a big thank-you to Stephan Erfurt, Louisa Seelis, Katharina Täschner, and Boaz Levin, along with the entire C/O Berlin team, for their inspiration and cooperation.

VORWORT

Stephan Erfurt, CEO, C/O Berlin Foundation

In einer Zeit, in der die Auswirkungen menschlichen Handelns auf unser globales Ökosystem immer deutlicher werden, ist es unumgänglich, die Themen Natur, Klimakrise und Nachhaltigkeit aus neuen Blickwinkeln zu betrachten. Mit ihrer Multikanalprojektion enthüllt Laura Huertas Millán die facettenreichen Anwendungen der Kokapflanze vor der Ära des Kokains und nutzt Fiktion dabei als Strategie des Widerstands gegen die koloniale Vereinnahmung. Sarker Protick führt uns auf den indischen Subkontinent, wo er im Ausbau von Eisenbahnverbindungen und in der Ausweitung des Kohlebergbaus die Spuren von Imperialimus und dessen Auswirkungen auf die Gegenwart aufdeckt. Als erste Gewinner:innen des *After Nature . Ulrike Crespo Photography Prize* bieten beide auf unterschiedliche Weise Einblicke in die komplexen Beziehungen zwischen Mensch und Umwelt im Wandel der Zeit.

Wir freuen uns sehr über den Start dieses gemeinsamen Projekts von C/O Berlin und der Crespo Foundation, das herausragende künstlerische Arbeiten zur Förderung des Dialogs über Natur und Umwelt würdigt. Die 2023/2024 bei C/O Berlin präsentierte Gruppenausstellung *Image Ecology* legte den Grundstein für die langfristige Zusammenarbeit und das neue Preisformat sowie die kontinuierliche Auseinandersetzung mit den Themen Natur und Ökologie in der zeitgenössischen Fotografie und den visuellen Medien. Gemeinsam mit den Ausstellungen wird die begleitende Publikationsreihe in den kommenden Jahren all jene Fragen in den Vordergrund stellen, die sowohl die Preisträger:innen als auch uns als Gesellschaft bewegen.

Mit dem *After Nature Prize* und einer langfristigen Partnerschaft haben die C/O Berlin Foundation und die Crespo Foundation eine starke Ausrichtung auf global relevante Themen etabliert, die den Dialog über die Zukunft unserer Welt vorantreibt. Ich danke der Crespo Foundation, namentlich der Vorständin Christiane Riedel sowie dem gesamten Team, sehr herzlich für die vertrauensvolle und bereichernde Zusammenarbeit. Wir freuen uns darauf, mit diesem jährlichen Preis einer breiten Öffentlichkeit eine Vielzahl neuer Projekte zu präsentieren und die Themen ausgehend von der jeweiligen künstlerischen Position zu diskutieren.

Ein großes Dankeschön gilt allen, die an der Realisierung dieses Projekts beteiligt waren, den Mitgliedern der Jury und unserem engagierten Team bei C/O Berlin. Ein besonderer Dank geht an unsere Juniorkuratorin und Projektleiterin Katharina Täschner sowie an unseren Co-Programmleiter Boaz Levin. Ich lade Sie herzlich ein, die kommenden Ausstellungen und Veranstaltungen im Rahmen des *After Nature Prize* zu besuchen und sich inspirieren zu lassen.

FOREWORD

Stephan Erfurt, CEO, C/O Berlin Foundation

In an era in which the impact of human actions on our global ecosystem is becoming increasingly apparent, it is appropriate to examine the topics of nature, climate crisis, and sustainability from new perspectives. Laura Huertas Millán's multichannel projection, which is based on research done in the cultural and historical landscape of Latin America, investigates the rich uses of the coca plant prior to the cocaine era, using fiction as a strategy of resistance against colonial appropriation. Sarker Protick takes us to the Indian subcontinent, revealing the traces of imperialism and its impact on the present in the expansion of the railroad connections and the development of coal mining. As the first recipients of the *After Nature . Ulrike Crespo Photography Prize*, both offer insight into the complex relationships between humans and the environment over the course of time from different perspectives.

We are pleased to launch this joint project of C/O Berlin and the Crespo Foundation that recognizes outstanding artistic work promoting the dialogue between nature and the environment. The group exhibition *Image Ecology*, which was presented at C/O Berlin in 2023–24, laid the foundation of our long-term collaboration, the new prize format, and the ongoing examination of the topics of nature and ecology in contemporary photography and the visual media. Along with the exhibitions, the accompanying series of publications will focus on all the issues that concern prize recipients as well as our society in the coming years.

The *After Nature Prize* and the long-term partnership between the C/O Berlin Foundation and the Crespo Foundation have established a strong focus on globally relevant topics that advance the dialogue about the future of our world. I would like to thank the Crespo Foundation, especially chairwoman Christiane Riedel and her whole team, for our trusting and enriching collaboration thus far. We look forward to presenting many new projects to a broad audience and to discussing the topics that are associated with each artistic project to come.

A big thank-you is due to everyone who was involved in implementing this project, along with the members of the jury and our dedicated team at C/O Berlin. I would especially like to thank Katharina Täschner, our junior curator and project manager, and Boaz Levin, our co-head of program. You are cordially invited to visit and be inspired by the future exhibitions and events within the framework of the *After Nature Prize*.

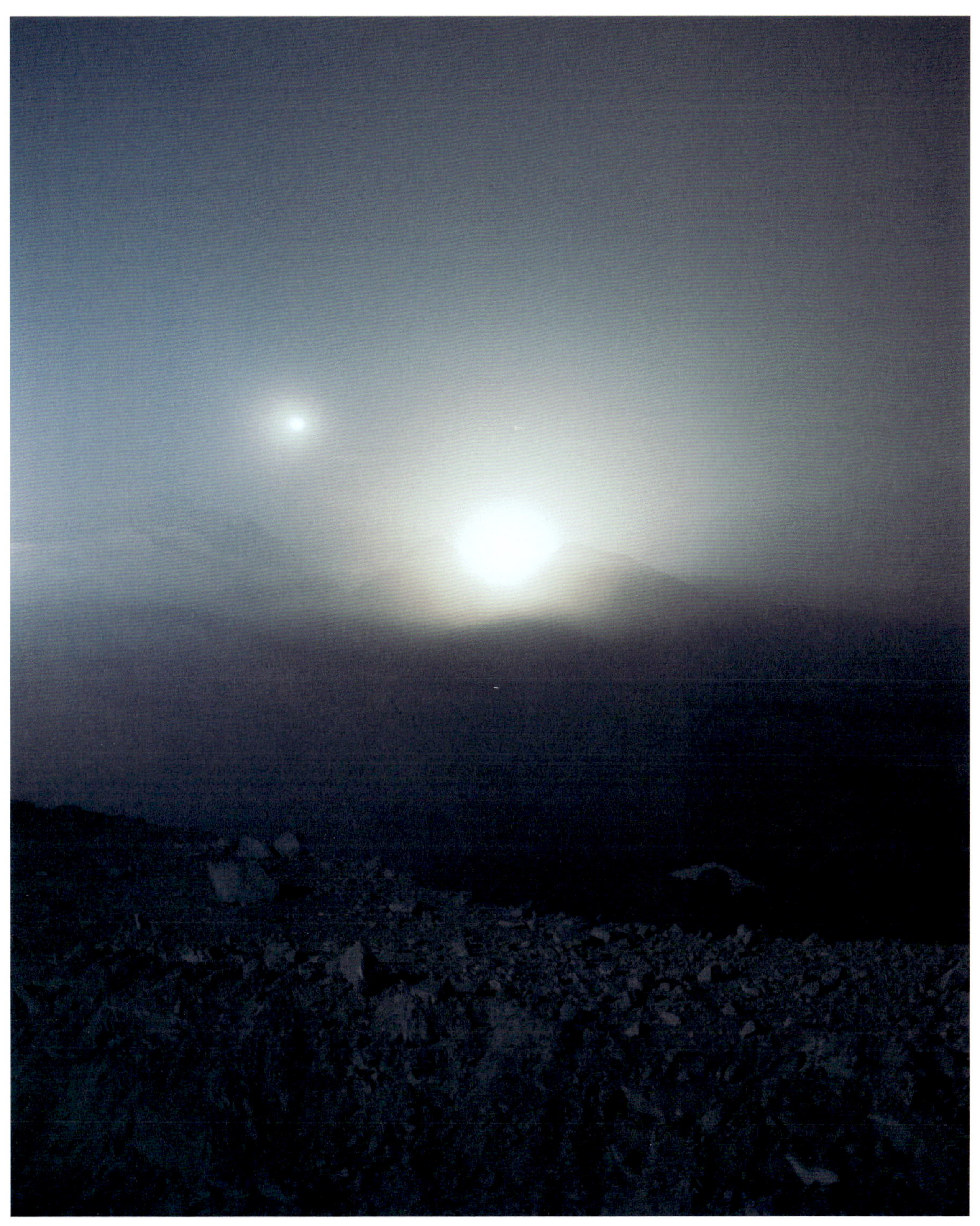

Narayankuri, Raniganj Kohlerevier /
Raniganj Coalfield, Indien / India

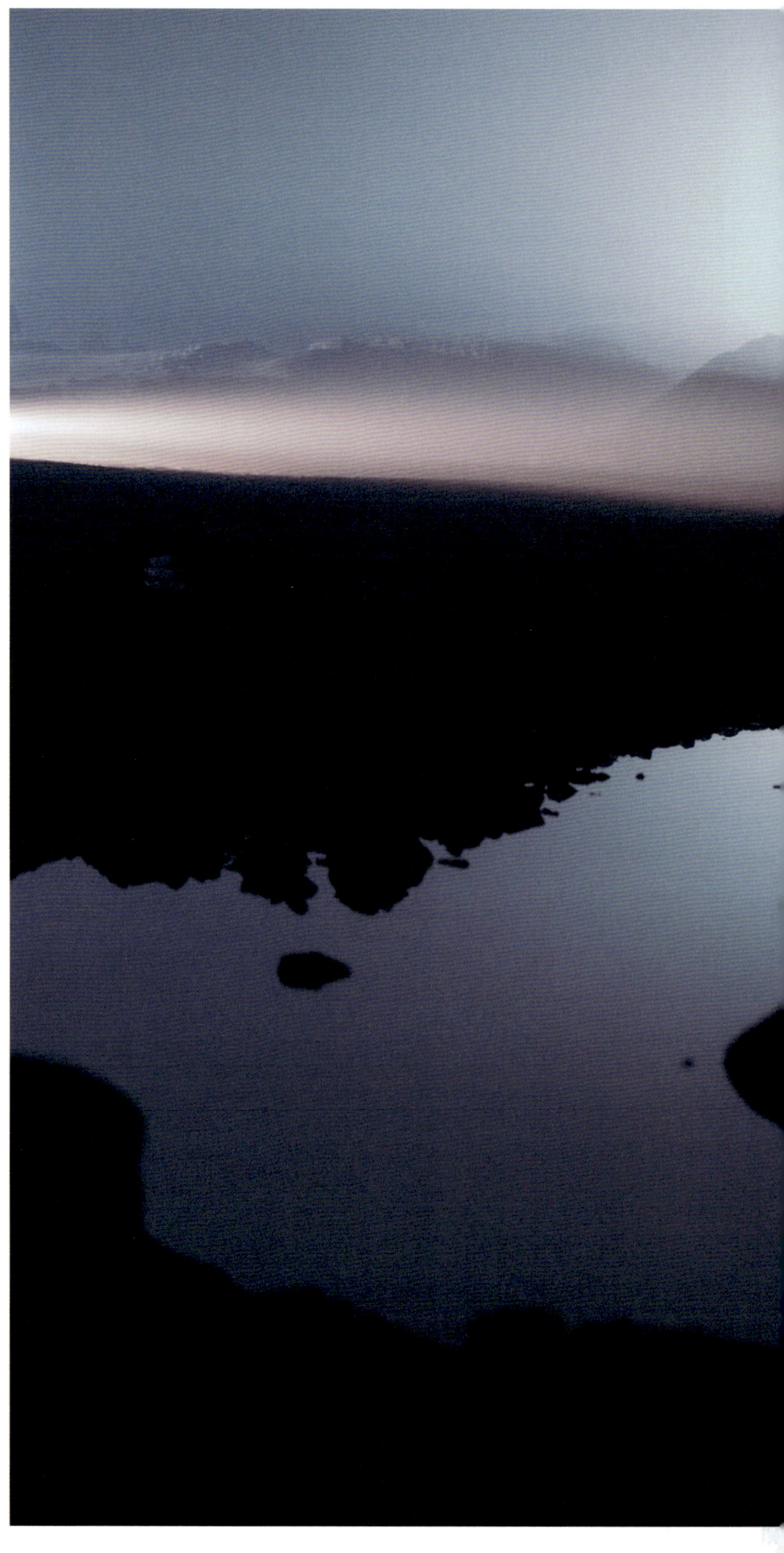

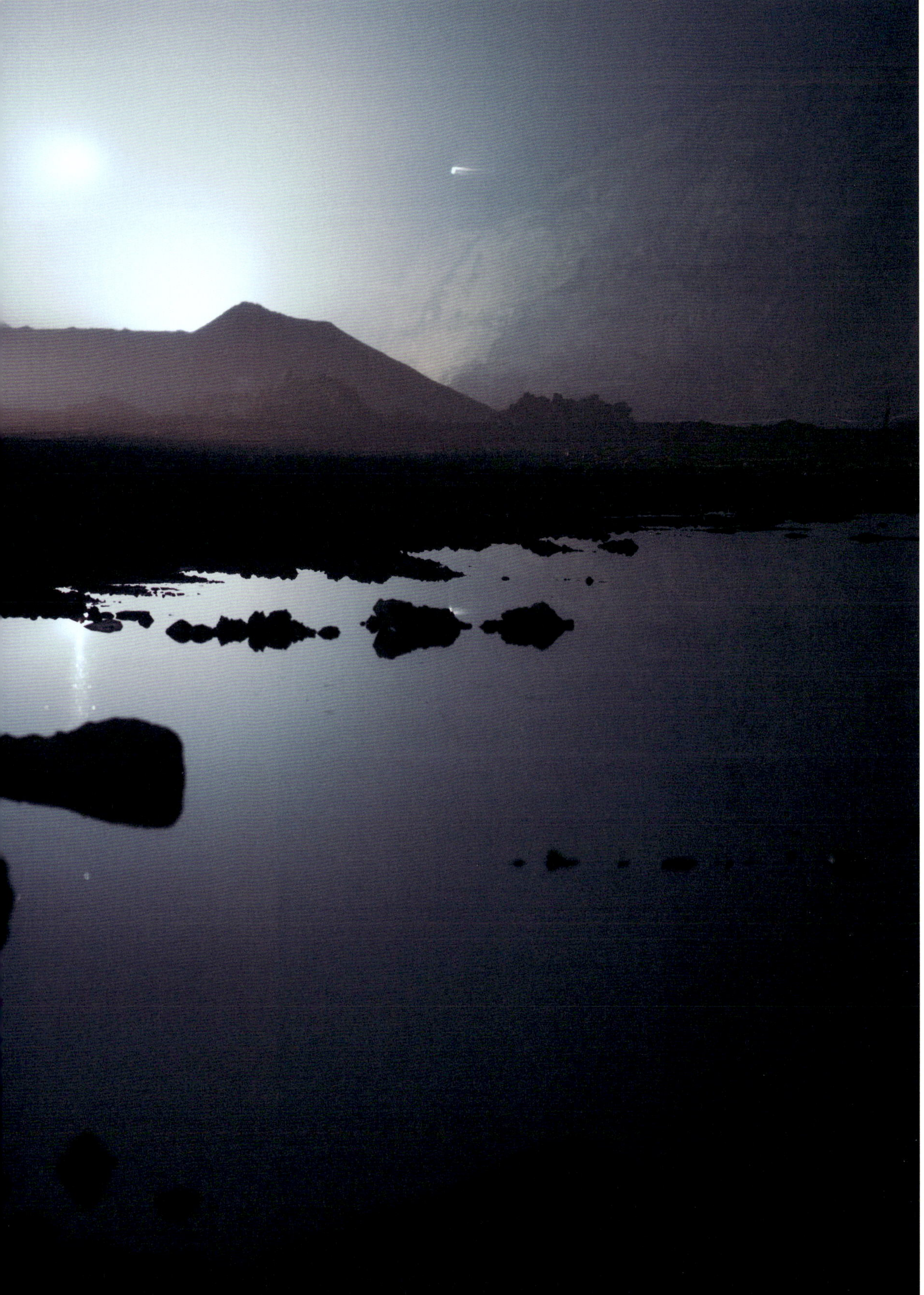

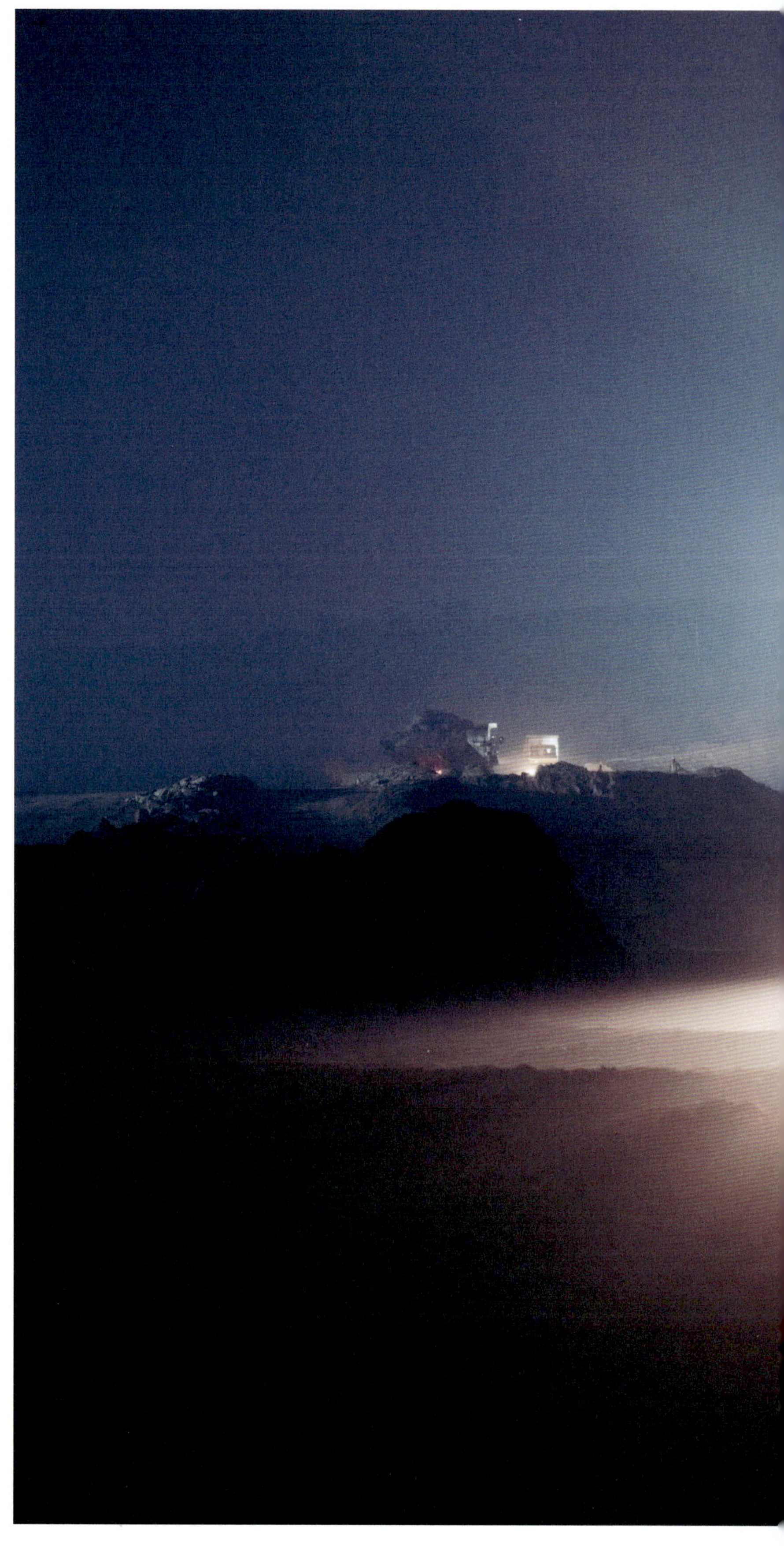

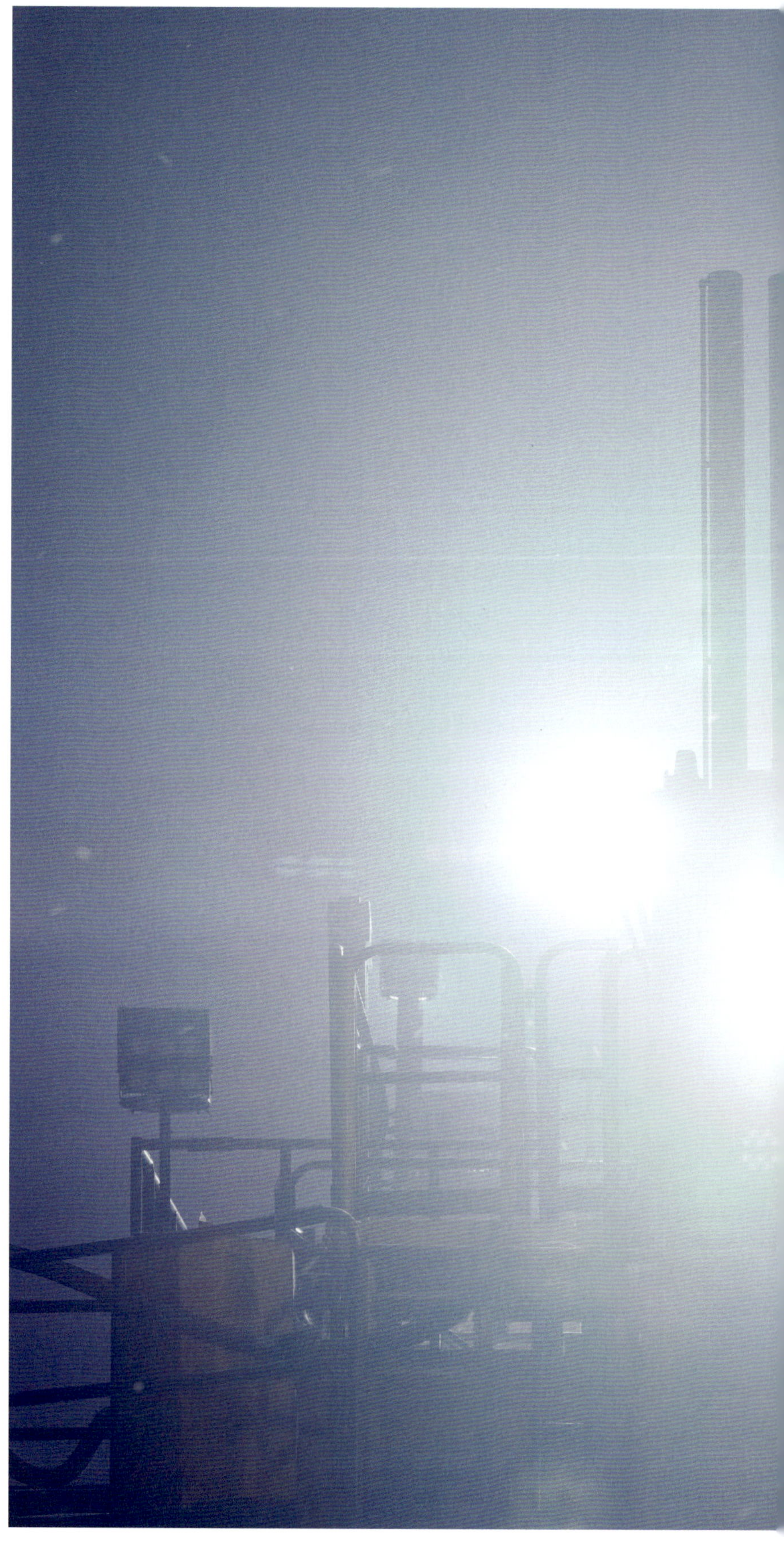

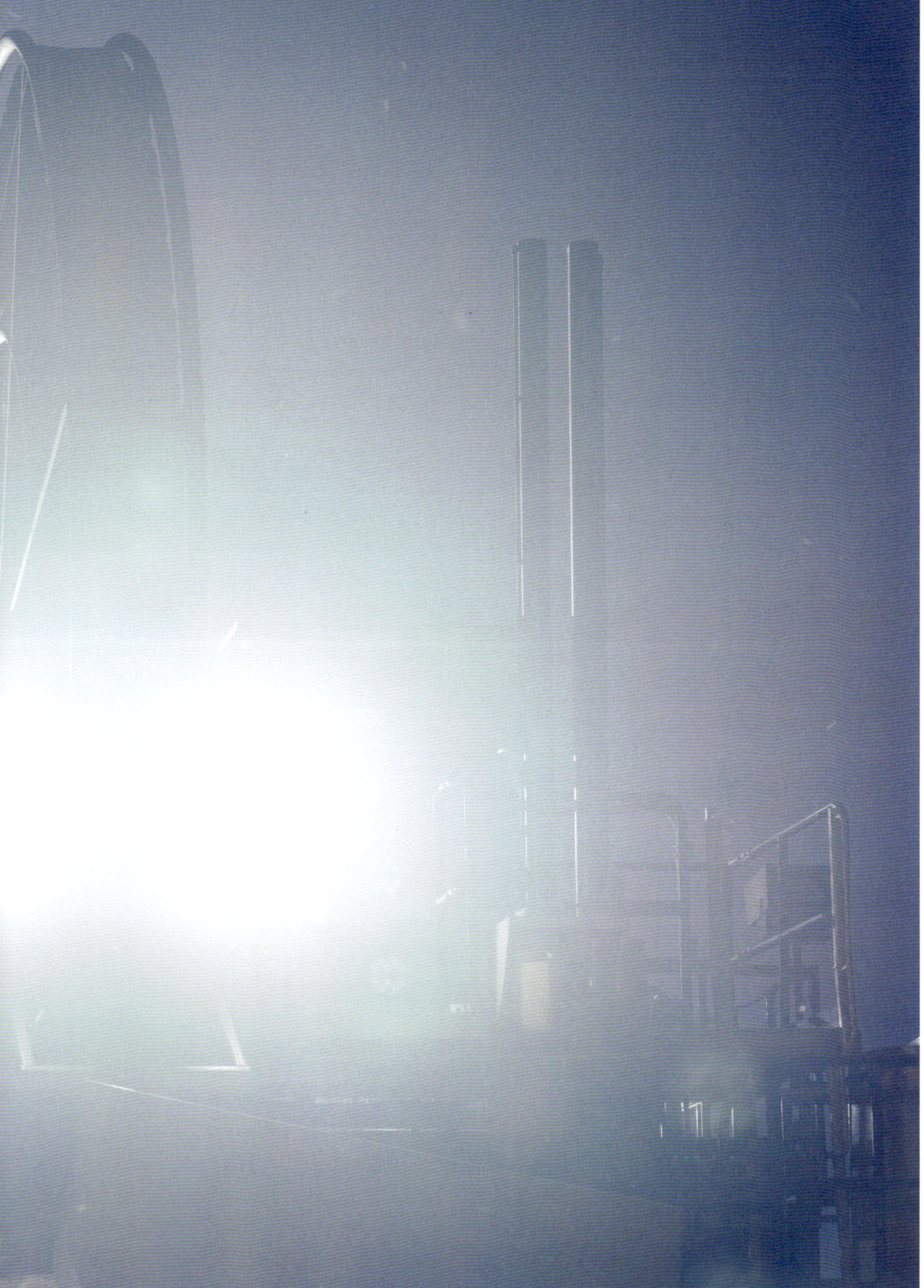

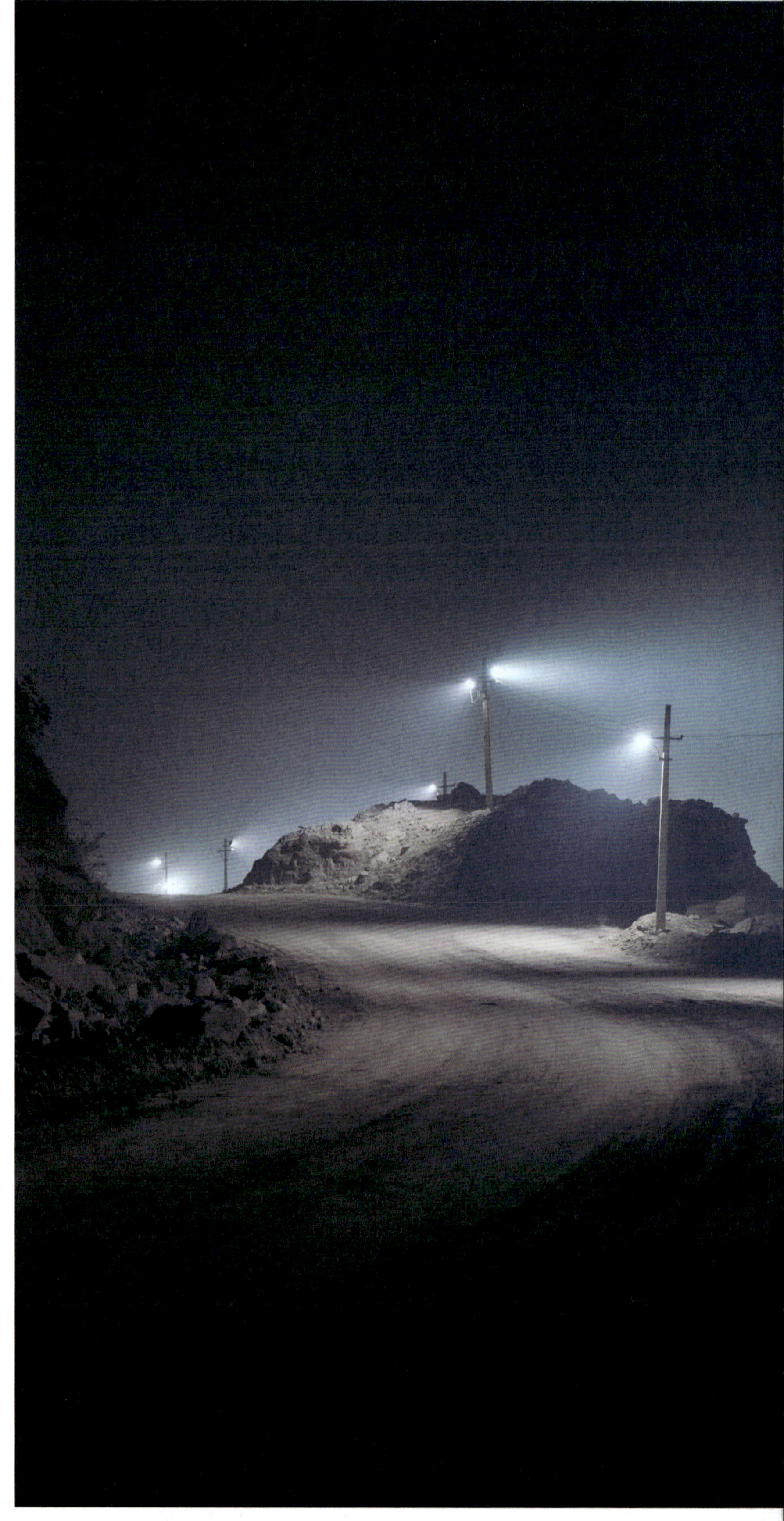

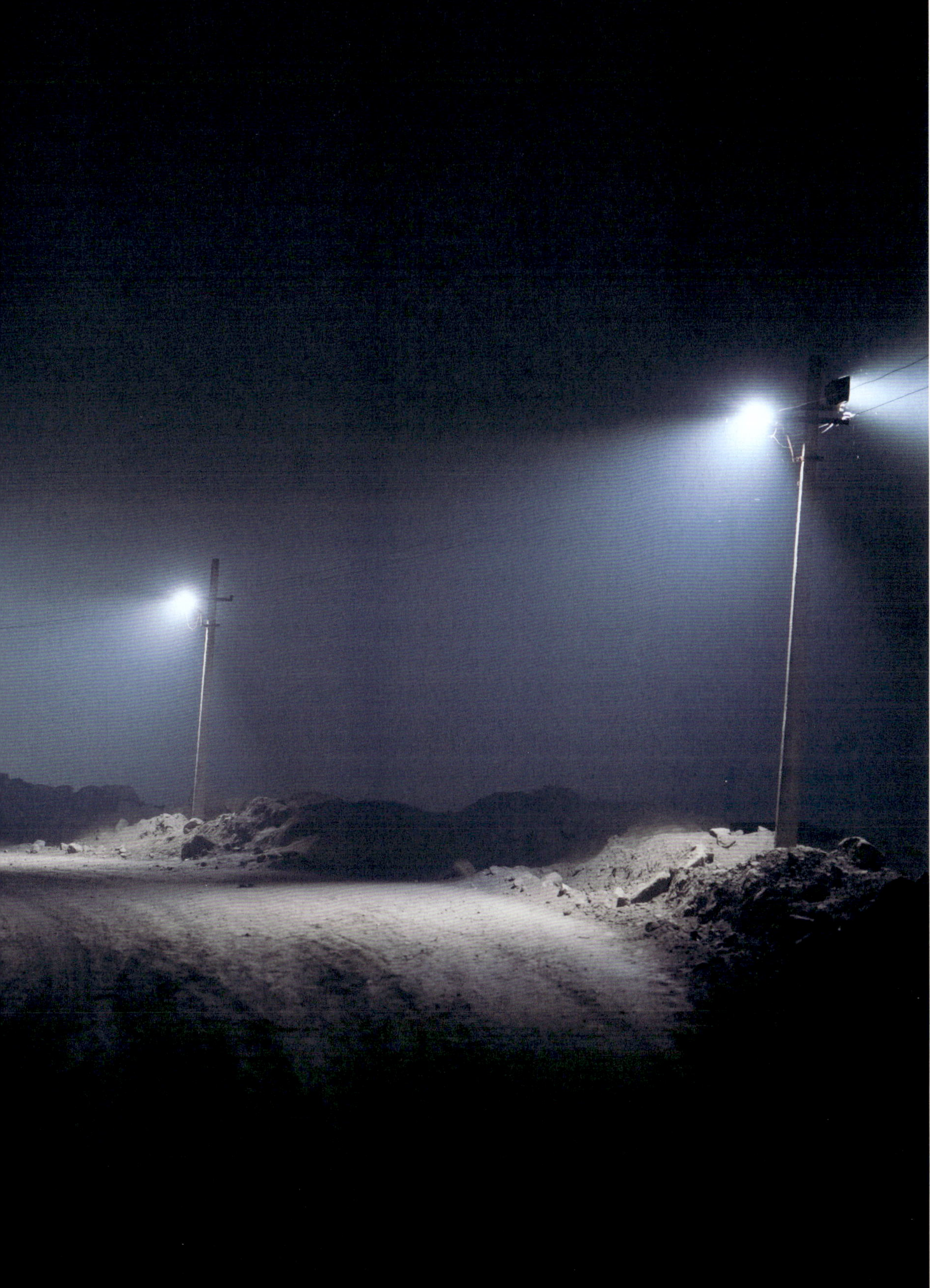

WAS ÜBRIG BLEIBT: FOTOGRAFIE IN ZEITEN DES BERGBAUS

Sria Chatterjee

I EIN SCHIMMER AUS BITUMEN

Ein pink-blauer Smog taucht die Oberfläche der Fotografie in einen atmosphärischen Nebel – ein Schimmer aus Bitumen, der das gesamte Bild ausfüllt. Die Aufnahme stammt aus einer Serie über Indiens erste Mine in Narayankuri, die den offenen Tagebau in diesem ehemaligen Bergbaugebiet innerhalb des Raniganj Kohlereviers dokumentiert. Auf Sarker Proticks Fotografien verliert sich das grelle Scheinwerferlicht der Lastkraftwagen und Bagger im versmogten Schimmer der Nacht und bietet nur vage Einblicke in die zerklüftete Landschaft. Einige Aufnahmen zeigen die Silhouetten von in Rauchschwaden gehüllten Abraumhalden. Andere setzen die von Licht durchströmten und Staub spuckenden Bergbaumaschinen in Szene, die etwas schwerfällig wirken, aber dennoch fest in ihrer natürlichen Umgebung verankert sind (S. 9–19).

Wenn die Fotografien etwas flüchtig Erhabenes verströmen, dann ist es die Erinnerung an die Materialität von Bitumen. In der Hitze verliert die Luft oberhalb des Asphalts an Dichte und bricht das Licht. Unter der Staub- und Gaswolke des offenen Tagebaus spiegelt sich die Stille der Nacht in der von Kohleschlammtümpeln durchzogenen Mondlandschaft, während der Schichtbetrieb weitergeht. Kohle wurde in dieser Provinz bereits 1774 abgebaut. Doch nachdem zahlreiche Agency Houses während der Wirtschaftskrise der 1830er-Jahre ihren Bankrott erklärt hatten, schloss sich der bengalische Unternehmer Dwarkanath Tagore (Großvater des berühmten Dichters und Reformers Rabindranath Tagore) mit dem britischen Indigohändler William Carr zusammen, um mehrere Minen aufzukaufen und neue in der Region zu eröffnen.

Das Unbestimmte in Proticks Aufnahmen aus Narayankuri resultiert nicht nur aus der Kombination von Licht, Hitze und Staub. Die Fotografien erzählen auch die miteinander verschlungenen Geschichten von Kolonialismus, Kapitalismus und Nationalismus in der bengalischen Elite. Als *Zemindar* (Grundbesitzer) und indischer Kapitalist der ersten Stunde verstand Tagore viel von Logistik und wollte die Produktions-, Verarbeitungs-, Transport- und Vermarktungsinfrastrukturen so weit wie möglich unter seine Kontrolle bringen. Nach dem Vorbild der britischen Agency Houses, die Plantagenwirtschaft, Fabriken sowie Indigo- und Zuckerhandel betrieben, nutzte er seine Familiengüter, beispielsweise in Behrampore, zur Produktion von Exportgütern wie Indigo, Zucker und Seide für sein Unternehmen Carr, Tagore and Company.[1] Radikale Freidenker der Young-Bengal-Bewegung verehrten Tagore für seine Initiative und das

ALL THAT REMAINS: PHOTOGRAPHY IN THE TIME OF EXTRACTION

Sria Chatterjee

I A BITUMEN GLOW

A blue and pink smog suffuses the surface of a photograph, filling it to its surface limits with an atmospheric haze, a bitumen glow. Part of a series of photographs taken in Narayankuri, it documents India's first mine. Once underground, the photographs capture what is now an open pit mine, part of the larger Raniganj Coalfield. In Sarker Protick's photographs, the harsh headlights of the earth-moving equipment and trucks, softened by the smoggy glow of night, afford fuzzy glimpses into a rubbly landscape. Slag heaps rise from the ground in smoky silhouette in some photographs. In others, mining machinery take center stage, leaking light and spreading dust as they stand ungainly yet fixed in their natural habitat (pp. 9–19).

If there is an ethereal sublime that the photographs evince, it is a reminder of the materiality of bitumen. When hot, the air above asphalt surfaces changes density, causing light to refract. Slurred into the dust and gas clouds of open-pit mines, the stillness of the night in which shift work continues is reflected in pools of stagnant coal water, moonlike. Coal mining in this province began as early as 1774, but when several British agency firms collapsed in the economic crisis of the 1830s, Bengali entrepreneur Dwarkanath Tagore (famously the grandfather of poet/reformer Rabindranath Tagore), joined forces with the British indigo broker William Carr to purchase various mines and open new ones in the region.

The fuzziness of Protick's Narayankuri photographs is not about light, heat, and dust alone. It speaks to the blurred histories of colonialism, capitalism, and elite Bengali nationalism. A *zamindar* (landowner) and early Indian capitalist, Tagore understood logistics well and wanted to control as much of the production, processing, shipping, and marketing infrastructures as possible. Taking a lead from the British agency houses that integrated their interests in plantations, factories, and trade in indigo and sugar, he used his ancestral estates, such as those in Berhampore for the indigo, sugar, and silk exported by his firm, Carr, Tagore and Company.[1] Radical free thinkers of the Young Bengal movement idolized Dwarakanath for his initiative and the promise of an indigenous industry that would wrest the power of capitalist production and global consumption from European hands, disproving the environmental racist characterization of Hindus as idle and ignorant.[2]

Versprechen einer einheimischen Industrie, die den Europäer:innen die Kontrolle über die kapitalistische Produktion und den globalen Konsum entreißen und auf diese Weise die verbreitete rassistische Charakterisierung von Hindus als faul und einfältig widerlegen sollte.[2]

Doch was bedeuten Tagores Investitionen in den weltweiten Handel mit Rohstoffen von Kohle bis Opium für die Menschen in Bengalen, für die Adivasi Santals und Bauris, die in den Bergwerken in Raniganj und Chinakuri arbeiteten, oder für die brutalen Opiumkriege in Ostasien? Mit seinen Fotografien aus Narayankuri geht Protick das Risiko ein, den Bergbau in seiner Erhabenheit zu ästhetisieren. Jedoch setzt er mit nahezu wissenschaftlicher Gründlichkeit auch die materiellen Bedingungen in Szene, die den Geschichten der Gewinnung, der Erzeugung, des Konsums und der Vermarktung von Rohstoffen zugrunde liegen. Er zeigt, dass das, was Deborah Cowen als »Logistikraum« bezeichnet – ein Gefüge aus Infrastrukturen, Informationen, Waren und Menschen – in Tagores Zeiten die Basis des imperialen Raums bildete.[3] Die Ursprünge des heutigen Logistikraums oder der »Pipeline« liegen in einer Neuordnung des Raums und der Vernetzungen – ein Kernprojekt des Kolonialismus, das vom heutigen Kapitalismus sorgfältig aufrechterhalten und weiterentwickelt wird (und sich laut Cowen eindeutig an den Versorgungswegen innerhalb der kolonialen Grenzziehungen orientiert).[4]

II AWNGAR/AHONKAR

Als Vorboten der Moderne und der Mobilität sicherten Eisenbahnen einen kostendeckenden und erfolgreichen Betrieb in Tagores Kohlegruben. Sie ziehen sich wie ein Subtext durch Proticks *Awngar* und machen deutlich, dass die glühenden Aschen in den Kohlerevieren des heutigen Dhanbad oder Asansol nicht losgelöst von ihrer problematischen historischen Rolle als koloniales Kapital betrachtet werden können. Proticks leidenschaftliche Auseinandersetzung mit der Vergänglichkeit von Zeit, die seine gesamte Arbeit durchdringt, kommt in diesem Projekt besonders eindrucksvoll zur Geltung. Auf einem Foto der Serie aus dem heutigen Chinakuri krümmen sich die Schienen einer stillgelegten Bahnstrecke wie die freigelegten Rippenknochen der Erde am Boden (S. 34). Verformtes Holz und verbogener Stahl richten den Blick auf die untrennbar miteinander verknüpften Prozesse der industriellen Produktion und des Verfalls. Auch Kohle ist ein Produkt aus abgestorbenem Holz und Pflanzen, die über Millionen von Jahren großem Druck und Hitze ausgesetzt waren. Die wild überwucherten Eisenbahnschienen auf den Fotografien dieser Serie führen ins Nirgendwo.

Mit ihrer durch lange Belichtungszeiten erzeugten Blässe und ihrem hellgrauen Kolorit haben die Fotos in dieser Serie etwas Antiquarisches. Protick geht es nicht nur darum, das Verrinnen von Zeit einzufangen. Sanft und nicht ohne ironischen Unterton hüllt er die von ihm porträtierten Ruinen in eine – wie ich es nennen würde – postindustriell-pittoreske Bildsprache.

And yet, what did Tagore's investments in the global exchange of commodities from coal to opium mean for the people of Bengal, for the Adivasi Santhals and Bauris who worked the mines in Raniganj and Chinakuri, or the violence of the opium wars unleashed in East Asia? Protick's Narayankuri photographs run the risk of aestheticizing an extractive sublime, but the research-led thoroughness of the project makes visible the material conditions that undergird the histories of resource extraction, production, consumption, and markets. It shows how what Deborah Cowen calls "logistics space" (constituted by flows of infrastructures, information, goods, and people) formed the basis of imperial space in Dwarkanath's time.[3] The roots of the contemporary logistics space or the "pipeline" lie in the reorganizing of space and connectivity that formed a core project of the colonial enterprise. This has been carried on faithfully by contemporary capitalism (which, as Cowen observes, resonates so clearly with the supply line of the colonial frontier).[4]

II AWNGAR/AHONKAR

Railways, the harbinger of modernity and mobility that enabled Dwarkanath's coal mines to break even and succeed run as a subtext through Protick's *Awngar*, making clear that the cinders burning in the coalfields of contemporary Dhanbad or Asansol are not separate from their longer messy histories of colonial capital. Protick's productive obsession with the passage of time across all his work comes through particularly powerfully in this project. In this series, a photograph taken in present-day Chinakuri lays bare the ribs of the earth through a disused railway track (p. 34). Wood and steel warp agape, bringing into focus the indivisible processes of industrial production and decay. It is decaying wood and plant matter after all that produces coal, compacted by heat and pressure over millions of years. Overgrown and wild, the train tracks in all the photographs in this series lead nowhere.

There is an antiquarian quality in this series of photographs, in its pale long exposures and light-gray tones of black and white. What Protick seeks to capture is not simply the passage of time. His ruins are cloaked gently, and not without a hint of irony, in what I call the post-industrial picturesque. A literary and visual aesthetic that developed in the latter half of the eighteenth century in imperial Britain, "the picturesque" sought to capture "that peculiar kind of beauty that is agreeable in a picture."[5] When British artists, antiquarians, and surveyors traveled to the colonies, they softened/erased out of their pictures the "natives," the too-exotic, as well as poverty, violence, and the large-scale industrial projects of empire. In India, a particular fascination with ancient ruins in dense, overgrown foliage, in states of abandoned and rugged beauty formed the core of the picturesque aesthetic (fig. 1). It fed into a larger colonial aesthetic construction in which ancient India (synonymous with

Das Pittoreske kam im British Empire in der zweiten Hälfte des 18. Jahrhunderts als literarische und visuelle Ästhetik auf, um »diese besondere Form von Schönheit, die sich harmonisch in ein Bild einfügt«[5] zum Ausdruck zu bringen. Britische Künstler:innen, Altertumsforscher:innen und Landvermesser:innen fertigten während ihrer Reisen in die Kolonien Bilder an, auf denen sie die »Einheimischen«, das zu Exotische, Armut oder Gewalt und die groß angelegten Industrieprojekte des Empire nur in abgeschwächter Form oder überhaupt nicht abbildeten. In Indien stand eine besondere Faszina-

Abb. / Fig. 1 Thomas Daniell,
Indian Landscape with Temple Ruins [Indische Landschaft mit Tempelruinen],
1820, Öl auf Leinwand / oil on canvas,
New Haven, Yale Center for British Art, Paul Mellon Collection

tion für die schroffe Schönheit alter Ruinen, die dem Verfall preisgegeben und dicht von Pflanzen überwuchert waren, im Zentrum dieser pittoresken Ästhetik (Abb. 1). Diese Faszination schlug sich auch grundsätzlich im ästhetischen Konstrukt der Kolonialzeit nieder, laut dem das alte Indien (als Synonym für arische Reinheit) die Spitze der indischen Zivilisation darstellte und alles, was darauf folgte, dem fortschreitenden Verfall geweiht war.[6]

Zwischen ästhetischer Theorie, Philologie, »Rassenlehre«, Geologie, Industrie und Kapitalströmen gab es zahlreiche Berührungspunkte. Mitglieder der Asiatic Society wie James Prinsep hatten ein ausgeprägtes Interesse an Geologie und Fossilien sowie an archäologischen und philologischen Untersuchungen zum indischen Altertum. Sein Bruder William Prinsep malte in seiner Freizeit pittoreske Landschaften und arbeitete bei Carr, Tagore and Company. Als Fotografie die Landschaftsmalerei als wichtigstes Medium ablöste, um Wissen und bildliche Vorstellungen von den kolonialen Gebieten zu vermitteln, kam sie bald auch umfangreich in geologischen Untersuchungen zum Einsatz. Der Armeeoffizier und Fotograf James Waterhouse hatte den Auftrag, die Territorien der Britischen Ost-

Abb. / Fig. 2 James John Waterhouse,
Sanchi. Northern View of Tope [Sanchi. Nordansicht des Stupa],
ca. 1868, Albuminabzug / albumen print, Amsterdam, Rijksmuseum

indien-Kompanie zu fotografieren und damit den Anspruch auf das Land zu festigen (Abb. 2). Er leitete die Reproduktionsabteilung des Survey of India und setzte sich ausführlich mit fotomechanischen Druckverfahren für topografische Vermessungen auseinander – darunter auch mehrere Verfahren unter Verwendung von Bitumen.[7] Darüber hinaus wurde 1851 der Geological Survey of India mit dem Ziel gegründet, Vorkommen von Kohle und anderen Rohstoffen zunächst in ganz Indien, später jedoch vor allem in Zentralindien zu identifizieren und abzubauen. Bei dieser Suche nach Rohstoffen kam nicht nur die Fotografie zum Einsatz. Wie Pratik Chakrabarti gezeigt

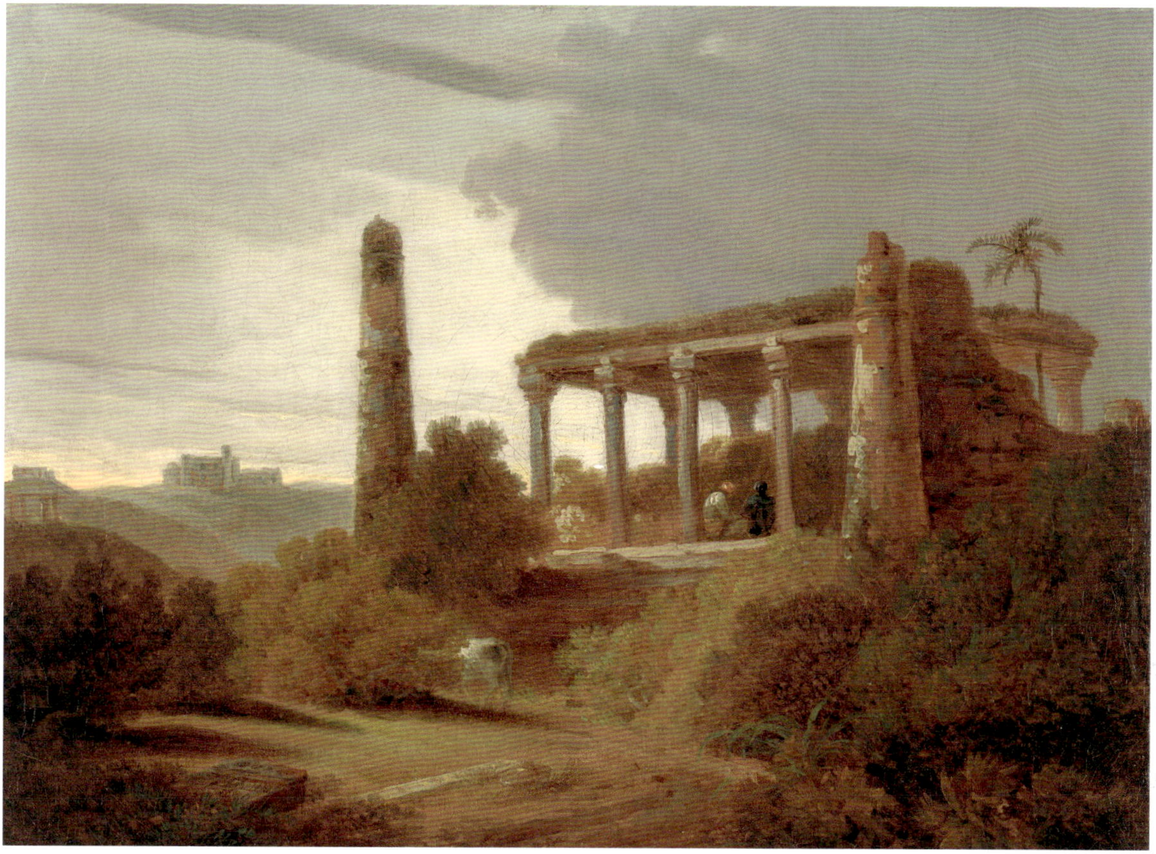

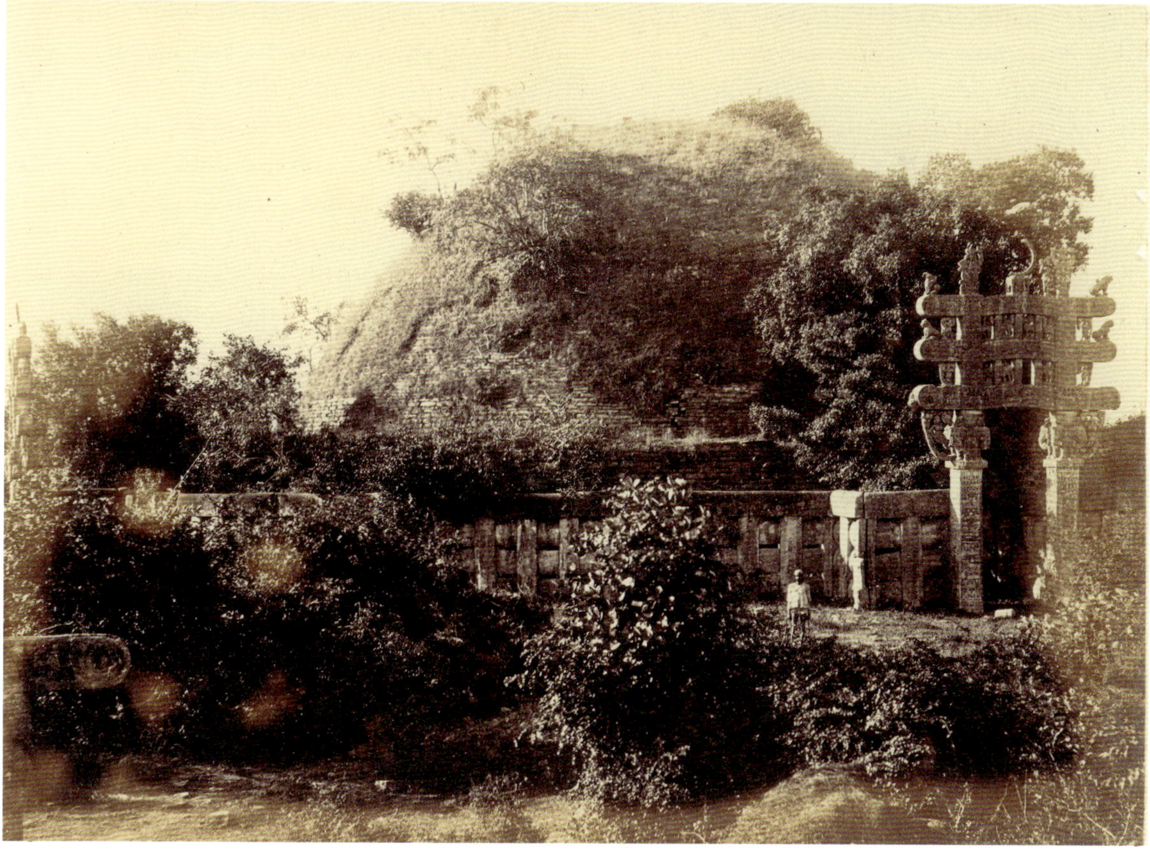

hat, löste die Erkundung auch ethnologische und paläontologische Spekulationen aus, die Bergbauunternehmen zu ausgedehnten interdisziplinären Untersuchungen veranlassten.[8]

Proticks Fotografien halten die Ruinen des Spätkapitalismus in Bildern fest. Der Bergbau unterbrach als eine der ersten Branchen die Nacht, veränderte mit seinem ständigen Kreislauf aus Acht-Stunden-Schichten das Wesen der Arbeit und untergrub laut Jonathan Crary auf diese Weise »Formen des Zusammenlebens und der politischen Meinungsäußerung«.[9] Der Markt schlief nun nicht mehr. *Awngar* heißt die Asche, die noch glimmend zurückbleibt. Proticks Fotografien stammen aus einer Zeit, in der die indische Regierung die Privatisierung ihrer Bergbauunternehmen vorantreibt und sich viele Minen im Besitz von Großkonzernen wie Tata oder Adani befinden.

Die sehnsuchtserfüllten Landschaften auf Proticks Fotografien, die von Niedergang und Verlust künden, stehen keineswegs für den Ausstieg aus fossilen Energieträgern und für einen schrittweisen gerechten Übergang. Stattdessen bilden sie veränderte Gebiete ab, die ihre (mächtigen) Besitzer wechseln. Sie stehen auch für Verlust: für ein komplexes, wirres Gefühl des Verlusts, für vertriebene Gemeinschaften, für Arbeitersiedlungen, die unter prekären Umständen entstanden, ihre Blütezeit erlebten und im Zuge von Umstrukturierungen im Bergbau wieder untergingen und woanders neu erbaut wurden. Die Ausbeutung von Arbeitskräften, insbesondere von Arbeitskräften aus indigenen Stämmen, setzt sich fort. Doch das Gefühl des Verlusts beruht nicht allein auf dieser faktischen Ausbeutung, sondern auch auf der Willkür, mit der Gemeinschaften umgesiedelt und ausgebeutet und ihrer geringen Einkünfte, Anstellung und Lebensgrundlagen durch Unfälle, die Schließung oder den Verkauf von Minen beraubt werden.

Proticks Fotografien haben nichts Nostalgisches. Und doch geht es in jeder einzelnen dieser Aufnahmen um Zeit: um tiefliegende geologische Zeit, um die Zeit der Kolonien und des Kapitalismus, um die Zeit von *Awngar*, der noch immer glühenden Asche, und von *Ahonkari*, der rücksichtslosen Ausbeutung des Planeten. So wie sich die Landschaft unaufhörlich verändert, ist auch Proticks Projekt nicht abgeschlossen. Es ist der ständige und fortdauernde Versuch zu verstehen, wie arrogant und unverfroren einige Wenige sein müssen, um eine solche Veränderung der Landschaft in Kauf zu nehmen und immer wieder auf das Leben und die Arbeit anderer Menschen einzuwirken.

III HITZE & DRUCK

Über Jahrhunderte wurden Sauerstoff und Wasserstoff unter Einwirkung von Hitze und Druck aus der Erde abgespalten. Dabei bildeten sich Schichten mit kohlenstoffhaltigen Ablagerungen – Kohle –, so genannte Flöze. Durch den Druck wird die Feuchtigkeit aus der Schicht herausgepresst. Dadurch verdichtet sie sich weiter und ihr Kohlegehalt steigt. Nahaufnahmen von

Aryan "purity") was seen as the high point of Indian civilization, with anything coming after it tinged with progressive decline.[6]

The domains of aesthetic theory, philology, racial theory, geology, industry, and the flow of capital bled into each other. Members of the Asiatic Society such as James Prinsep were keenly interested in geology, fossils, and archaeological and philological studies of India's ancient past. His brother, William Prinsep, an amateur painter of picturesque landscapes, worked with Dwarkanath Tagore at Carr, Tagore and Company. Landscape painting as a means of knowing colonial lands gave way to photography, which was quickly and extensively adopted by geological survey projects. In fact, army official and photographer James Waterhouse was tasked with consolidating the territories of the British East India Company through photographs (fig. 2). He ran the Photo-Litho Office of the Survey of India and took on in-depth studies of photomechanical printing for topographical and survey purposes, including several processes that used bitumen.[7] The Geological Survey of India was established in 1851 and its primary objective was to identify and extract coal and other mineral resources across India, though central India became a major focus. The search for minerals not only relied on photography, but as Pratik Chakrabarti has shown, kick-started ethnological and paleontological speculations that sustained complex interdisciplinary investigations within the mining enterprises.[8]

Protick's photographs capture the ruins of late capitalism. Mining was one of the earliest ventures that disrupted the night and changed the nature of work, with its continuous cycle of eight-hour shifts "eroding," as Jonathan Crary puts it, "forms of community and political expression."[9] The market now never sleeps. *Awngar* are the embers that are left behind but still burning. Protick's photographs are taken at a time when the Indian government has started to privatize their mining ventures, and many mines are owned by business conglomerates such as Tata and Adani.

The wistful landscapes of decline and loss that Protick captures are by no means a marker of a phasing out of fossil fuels, a slow movement toward a just transition. They are instead a story of an altered earth changing (powerful) hands. They are also about loss: a complex, messy sense of loss, of communities that have been displaced, mining towns built on precarious conditions that have boomed, busted, and moved as patterns of mining have changed. The exploitation of labor, especially tribal labor, continues, but the sense of loss lies not simply in the fact of exploitation, but in the erratic ways in which communities are moved and exploited, their small wins, employment, and livelihoods taken away as accidents happen and mines close, change hands, or move.

Protick's photographs are not nostalgic. And yet each one is about time: deep geologic time, colonial, capitalist time, *awngar* (cinder) time, *ahonkari* (arrogant) time. Just as the alteration of the earth is an ongoing

Tagebauminen in Asansol und Dhanbad wechseln sich mit Weitsichten von erodierten, brennenden, mit Aufschüttungen und Wasserlachen bedeckten Kohlelandschaften ab. Die ausgeblichene altmodische Ästhetik schwindet allmählich, je näher wir der Erdoberfläche kommen (S. 47–65).

In all diesen Fotografien spüren wir die Hitze und den Druck, die auf der Landschaft lasten, die über Jahrhunderte komprimierten Erdschichten, die mit Dynamit aufgebrochen und von großen Maschinen mit zerstörerischer Wucht abgebaut wurden. Auf einer Fotografie befinden wir uns im Inneren einer Mine, deren dunkle stille Aushöhlungen mit den übrigen Fotografien der Serie kontrastieren. Auf einer weiteren Fotografie ist die orangefarbene Glut in der lodernden Erde durch riesige Risse im Gestein zu sehen. Durch ihre atemberaubende Bildkraft flirten auch diese Fotografien mit dem Erhabenen. Sie abstrahieren die visuelle Form und schaffen so Aufnahmen von beeindruckender Ästhetik. Was würde wohl passieren, wenn wir Proticks Fotografien unter Druck setzen?

Bei einem unserer ersten Gespräche über seine Arbeit fragte ich Protick nach der auffälligen Abwesenheit von Menschen in seinen Fotografien. Auf einer der Aufnahmen ist eine Frau zu sehen, die einen Abhang hinunterläuft (S. 49). Zwischen den rauchenden Sandbergen und den riesigen Kohleabraumhalden hat sie etwas Zwergenhaftes. Auf dieser Fotografie wird das ganze Ausmaß der Mine deutlich und man erkennt, wie unbedeutend menschliche Figuren in dieser Landschaft wirken. Protick erzählte mir von den Strukturen des illegalen Kohlehandels, der von der örtlichen Mafia organisiert wird und das Leben einiger Familien in der Umgebung der Kohlebecken sichert. Für die Behörden sind diese Strukturen zwar ein offenes Geheimnis, doch es wäre für die Menschen zu gefährlich, ihre Identität offenzulegen. Außerdem ist die Region heute ohnehin nicht mehr besonders dicht besiedelt. Wenn man dort Arbeitskräfte erblickt, dann bedienen sie die Maschinen oder gehören zum Sicherheitspersonal.

Protick hat sich ganz bewusst dagegen entschieden, Aufnahmen von den Bergleuten zu machen, Erfahrungsberichte einzuholen, Menschen und Landschaften einander gegenüberzustellen und somit das zu tun, was die US-amerikanische Künstlerin LaToya Ruby Frazier auf beeindruckende Weise in ihrem Projekt *And From the Coaltips a Tree Will Rise* (2016) praktiziert hat.[10] Proticks Projekt ist außerdem ein bisschen wie und dann auch wieder völlig anders als die Arbeit *Fish Story* (1989–1995) des US-amerikanischen Fotografen und Schriftstellers Allan Sekula. Durch die Kombination aus Text und Bild bietet *Fish Story* eine kritische Dokumentation über wirtschaftliche Katastrophen und über die Bedeutung des Erdöls für Konzerne und Regierungen, die Profite über Menschen und Ökosysteme stellen.

Es ist keineswegs eine einfache Aufgabe, Fotografien zum Sprechen zu bringen. Und Protick lässt seine Fotografien sehr viel arbeiten. *Awngar* stellt klare Verbindungen her – zwischen der Ausbeutung natürlicher Ressourcen und kolonialer und kapitalistischer Geschichte, zwischen Eisen-

process, Protick's project too is unfinished. It is a persistent, ongoing attempt at making sense of the arrogance and audacity of a few to imagine an altered earth, to reconstitute and reorganize human life and labor.

III HEAT & PRESSURE

Over centuries, heat and pressure work to force oxygen and hydrogen out of the soil, leaving carbon-rich deposits – coal – in layers known as seams. As moisture is squeezed out, these deposits compress further, their carbon content rising. Close-up vertical photos of open-pit mines in Asansol and Dhanbad are accompanied by sweeping views of the coalscape eroded, burning, heaped, and waterlogged. The faded antiquarian aesthetic is quickly lost as we move closer to the skin of the earth (pp. 47–65).

In all of these photographs, we sense the heat and pressure on the land, centuries of compression, cracked open with dynamite, moved in swathes, with shattering force by earth-moving equipment. In one photograph, we enter a mine, the hollowed, silent blackness offset by photographs beside it. In another, the surface of the land burns with an orange glow through large cracks of rock. Visually arresting, these photographs too flirt with the sublime. They abstract visual form and transform them into arresting, aesthetic images. What happens when we put Protick's photographs under pressure?

One of the first questions I asked Protick when we first spoke about his photographs was about the conspicuous absence of human beings in his photographs. In one photograph, we catch a glimpse of a woman monumentally dwarfed by the burning sands and coal spoil around her, racing downhill (p. 49). What comes through here is the scale of the mine and how insignificant human figures are in it. Protick spoke to me about structures of illegal trading of coal orchestrated by local mafia, which sustains some of the families who live around coalfields. It is an open secret with the authorities, but identifying faces would be a violation of their safety. It is not a very peopled landscape anymore, anyway. Workers, when you see them, are machine operators or security personnel.

It was a choice not to photograph miners, gather testimonies, juxtapose people and land, or do, for instance, what American artist LaToya Ruby Frazier does strikingly in her project *And From the Coaltips a Tree Will Rise* (2016).[10] It is also both quite like and quite unlike American photographer and writer Allan Sekula's *Fish Story* (1989–95), which integrates text and image to provide a critical documentary of economic catastrophe and the materiality of oil in relation to corporations and governments prioritizing profit over people and ecosystems.

It is a tricky business making photographs speak. And Protick makes his photographs do a lot of work. *Awngar* makes the connections clearly – between extractivism and colonial and capitalist histories, between railways, mobility, flows of minerals, materials, and people, an

bahnen, Mobilität, dem Fluss von Rohstoffen, Materialien und Menschen, einem abstrakten Logistikraum, Strukturen, die Bergleute klein erscheinen lassen und verschlucken –, aber er tut dies mit visuellen Mitteln.

IV STAHL

Eine weitere Fotoserie, welche die Hardinge Bridge über den Padma River im heutigen Bangladesch zeigt, trägt für mich zu einer Präzisierung von Proticks Position bei (S. 69–77). Nach den lang belichteten, ausgeblichen und antiquarisch wirkenden Fotografien und den direkten, mächtigen, imposanten Aufnahmen aus dem Kohlebecken setzt er in dieser Serie bauliche Strukturen in Szene. Er zeigt die Konstruktion als abstrakte Silhouette und bildet sie auf diese Weise vollkommen überzeichnet ab. Die nach Lord Hardinge benannte stählerne Eisenbahnbrücke wurde zwischen 1910 und 1915 im kolonialen Indien errichtet. Sie zeugt von den kolonialen Ingenieursleistungen, vom Einsatz von Stahl (einer Legierung aus Eisen und Kohlenstoff mit metallurgischer Kohle als wesentlichem Inhaltsstoff), von der Mobilität durch den Schienenverkehr (für Wanderarbeitskräfte in Zentral- und Ostindien, Vermessungstechniker:innen, Archäolog:innen, Wissenschaftler:innen, aber auch für Rohstoffe und Waren), von der brutalen Geschichte der Teilung Bengalens, vom Fluss, den diese Brücke überquert, von einem weiteren Ort der Umweltzerstörung und einem löchrigen Logistikraum. Die Hardinge Bridge verbindet. Mit ihren sich kreuzenden kräftigen Linien und filigranen Stahlelementen stehen die Bilder dieser Serie nicht nur für eine Eisenbahnbrücke, sondern auch für das schiere Gewicht der unsichtbaren Strukturen, die der langen Geschichte und den materiellen Voraussetzungen für den Welthandel und die Rohstoffgewinnung zugrunde liegen.

V RELIKTE

In der letzten Serie nimmt Protick Objekte als Ruinen in den Fokus (S. 82–99). Die verrostete und verstummte Schreibmaschine ist ein Relikt aus der Zeit der Bergbauverwaltung. Auf einer anderen Fotografie quillen freiliegende Kabel aus einem Gerät. Was geschieht mit den zurückgelassenen Dingen, wenn sich die Kommunikationswege und die industriellen Abbauprozesse ändern? In einer Meditation über Verlust, geplante und ungeplante Obsoleszenz werden diese Relikte zu Objekten und Figuren einer Geschichte von der Entmenschlichung der Arbeit und der Arbeitskräfte. Auch die stillgelegte Mine ist ein Relikt, das eine ständige Bedrohung für die Menschen darstellt, die in ihrer Umgebung leben.

In Proticks fortschreitendem Projekt *Awngar* geht es also um diese Aschen, die im Boden weiter vor sich hin glühen. Seine Aufnahmen sind keine Abkehr von, sondern ein Kommentar über den Fortbestand und die Strukturen des Kapitals und der politischen Neuordnung, die Menschen kleinmachen und einschränken. Fotografie und Kapitalismus beruhen auf einer »gemeinsamen Logik der Abstraktion, Entfremdung und Umwandlung des

abstracted logistics space, structures that dwarf and swallow those that work on mines – but does so visually.

IV STEEL

A further series of photographs ostensibly of the Hardinge Bridge over the Padma River in what is now Bangladesh produces, in my view, a visual clarification of Protick's position (pp. 69–77). Breaking from the pale long exposure, antiquarian views, and the direct, heavy, arresting images of the coalfield, what we are presented with in this series is structures. The structures are abstracted, silhouetted, and thoroughly over the top. Named after Lord Hardinge, the bridge is a steel railway truss bridge that was constructed between 1910 and 1915 in colonial India. The bridge is a testament to colonial feats of engineering, the use of steel (an alloy of iron and carbon, for which metallurgical coal is an essential ingredient), the mobility that railways ensured (of migrant workers in central and eastern India, of surveyors, archeologists, scholars, minerals, goods), and the brutal histories of the partition of Bengal, of the river it rests on, another site of ecological devastation and leaky logistics space. Hardinge Bridge connects. This series with its thick, crisscrossing lines and filigrees of steel stand testament not simply to a railway bridge, but to the sheer weight of invisible structures that underlie the long histories and material conditions of global exchange and extraction.

V RELICS

In the last series, Protick focuses on objects as ruins (pp. 82–99). The typewriter, corroded and silent, is a relic of the administration of extraction. In another photograph wires spill out, exposed. As processes of communication and industrial excavation change, what happens to the things that get left behind? A meditation on loss, planned and unplanned obsolescence, these relics come into their own as objects and characters in a story in which the dehumanization of work and workers endures. The abandoned mine too is a relic, posing a constant threat to those who live around it.

An ongoing project, *Awngar* is ultimately about those embers that keep burning in the ground. It is not a departure from but a commentary on ongoingness and the structures of capital and political reorganization that dwarf and cripple. Photography and capitalism operate on a "shared logic of abstraction, alienation, and the conversion of use value into exchange value" and these photographs don't aim to be an exception.[11] Even as Protick plays with the picturesque, sticking himself within a longer history of photography as a tool of imperial surveys, of constructions of race and ethnology, he is aware of the potential of pathos.[12] For all its intensity and glances outwards to the material and political conditions of extraction, the photographs simmer with a woundedness that speaks for the landscape and its moving populations.

Nutzwerts in einen Tauschwert«, und diese Fotografien sollen sicherlich keine Ausnahme bilden.[11] Auch wenn Protick mit dem Pittoresken spielt, indem er sich in eine längere Geschichte der Fotografie als Instrument imperialer Bestandsaufnahmen sowie der Konstruktion von »Rasse« und Ethnologie einbindet, ist er sich dem Potenzial des Pathos wohl bewusst.[12] Seine Fotografien strahlen – trotz ihrer großen Ausdruckskraft und ihrer Außenperspektive auf die materiellen und politischen Bedingungen des Bergbaus – eine Verletzlichkeit aus, die sich für die Landschaft und die sie durchwandernde Bevölkerung ausspricht.

SRIA CHATTERJEE ist Kunsthistorikerin und Wissenschaftlerin im Bereich Environmental Humanities. Sie ist Head of Research am Paul Mellon Centre for Studies in British Art in London, wo sie zurzeit das Forschungsprojekt Climate & Colonialism leitet.

1 Blair B. Kling, *Partner in Empire. Dwarkanath Tagore and the Age of Enterprise in Eastern India* [1976], Berkeley und Los Angeles 2020, S. 84.

2 »Jnananeshan«, 9. August 1834, in: *Sangbadpatre Sekaler Katha 1818–1840*, Bd. 2, hg. von Brajendranath Bandopadhyay, Kolkata 1949, S. 339.

3 Deborah Cowen, *The Deadly Life of Logistics. Mapping Violence in Global Trade*, Minneapolis und London 2014, S. 8.

4 Ebd., S. 9.

5 William Gilpin, *An Essay on Prints*, London 1768, S. xii.

6 James Fergusson, *Picturesque Illustrations of Ancient Architecture in Hindostan*, London 1848.

7 Siobhan Angus, *Camera Geologica. An Elemental History of Photography*, Durham 2024, S. 38.

8 Pratik Chakrabarti, *Inscriptions of Nature. Geology and the Naturalization of Antiquity*, Baltimore 2020.

9 Jonathan Crary, *24/7. Late Capitalism and the Ends of Sleep*, London und New York 2013.

10 Im Rahmen einer Residenz im MACS Grand Hornu produzierte LaToya Ruby Frazier 2016 eine kritische Dokumentation über Borinage, eine postindustrielle Bergbauregion in Belgien, wo die letzte Zeche 1976 geschlossen wurde.

11 Kevin Coleman und Daniel James, »Capitalism and the Camera«, in: *Capitalism and the Camera. Essays on Photography and Extraction*, hg. von dens., London und New York 2021, S. 1–23, hier S. 10.

12 Die in der Ausstellung gezeigten Polaroids aus der nahe der Hardinge Bridge gelegenen Pakshi Rail Colony (S. 78–79) sind Proticks direkte Anspielung auf die Arbeiten des britischen malerischen Malers Charles O'Doyly.

SRIA CHATTERJEE is an art historian and an environmental humanities scholar. She is head of research at the Paul Mellon Centre for Studies in British Art in London, where she currently directs the Climate & Colonialism research project.

1 Blair B. Kling, *Partner in Empire: Dwarkanath Tagore and the Age of Enterprise in Eastern India* [1976] (Berkeley and Los Angeles, CA, 2020), p. 84.

2 "Jnananeshan," August 9, 1834, in *Sangbadpatre Sekaler Katha 1818–1840*, vol. 2, ed. Brajendranath Bandopadhyay (Kolkata, 1949), p. 339.

3 Deborah Cowen, *The Deadly Life of Logistics: Mapping Violence in Global Trade* (Minneapolis, MI, and London, 2014), p. 8.

4 Ibid., p. 9.

5 William Gilpin, *An Essay on Prints* (London, 1768), p. xii.

6 James Fergusson, *Picturesque Illustrations of Ancient Architecture in Hindostan* (London, 1848).

7 Siobhan Angus, *Camera Geologica: An Elemental History of Photography* (Durham, NC, 2024), p. 38

8 Pratik Chakrabarti, *Inscriptions of Nature: Geology and the Naturalization of Antiquity* (Baltimore, MD, 2020).

9 Jonathan Crary, *24/7: Late Capitalism and the Ends of Sleep* (London and New York, 2013).

10 As part of a 2016 residency at MAC's Grand-Hornu, LaToya Ruby Frazier produced a critical documentary of Borinage, a postindustrial mining region in Belgium whose last mine closed in 1976.

11 Kevin Coleman and Daniel James, "Capitalism and the Camera", in *Capitalism and the Camera: Essays on Photography and Extraction*, ed. Coleman and James (London and New York, 2021), pp. 1–23, here p. 10.

12 The polaroid photographs included in this exhibition from Pakshi Rail Colony near Hardinge Bridge (pp. 78–79) are Protick's direct nod to the works of British picturesque painter Charles O'Doyly.

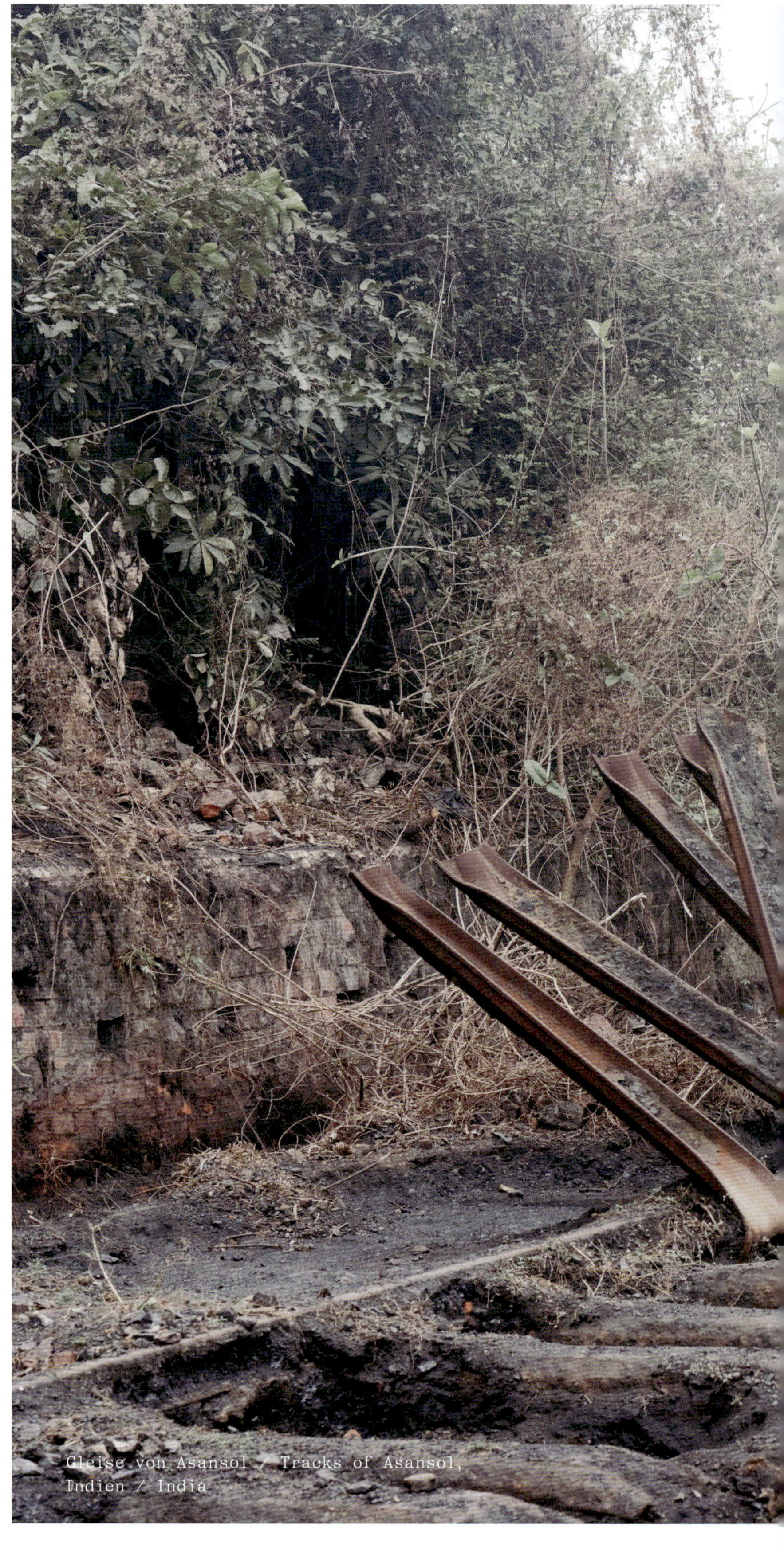
Gleise von Asansol / Tracks of Asansol, Indien / India

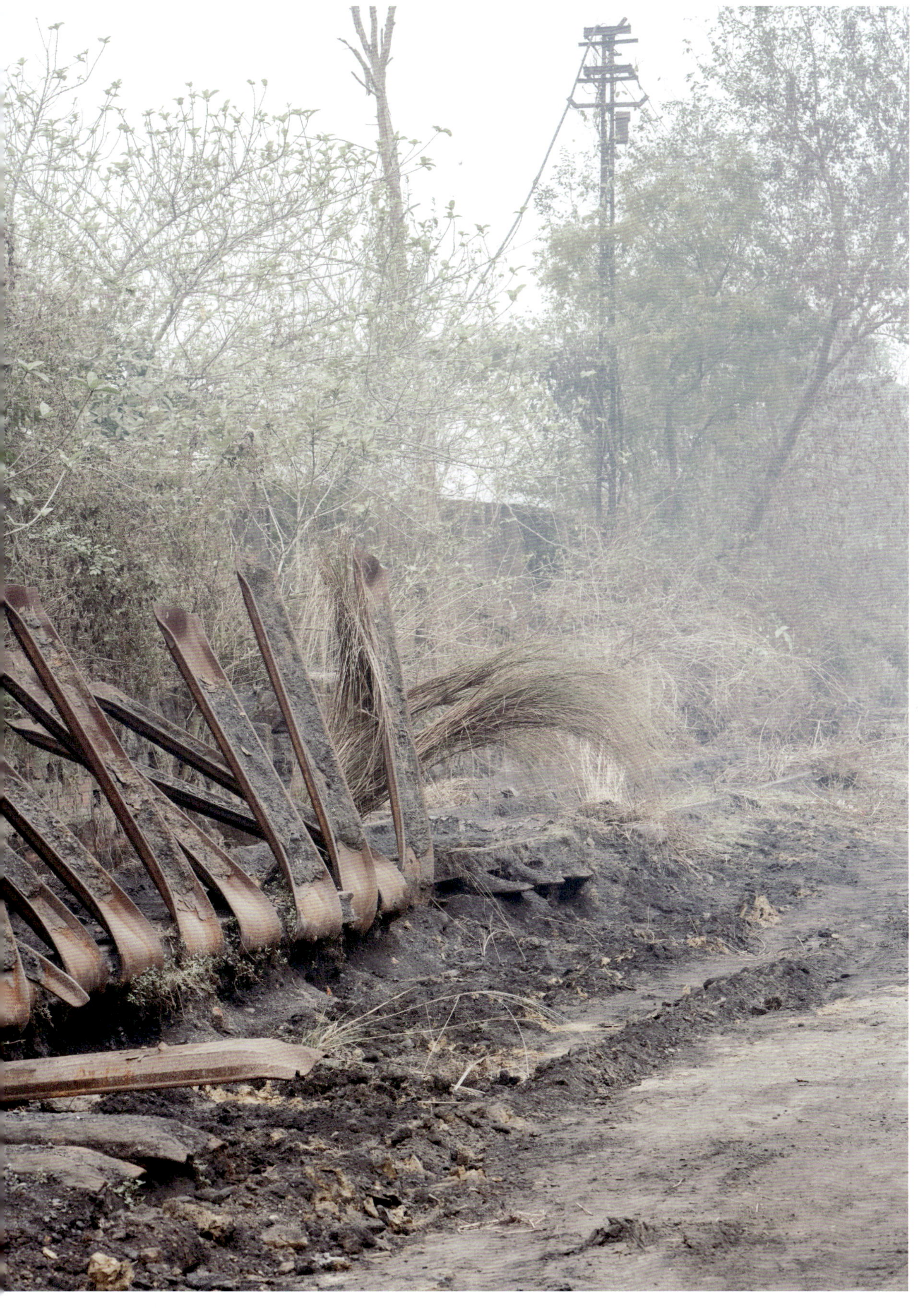

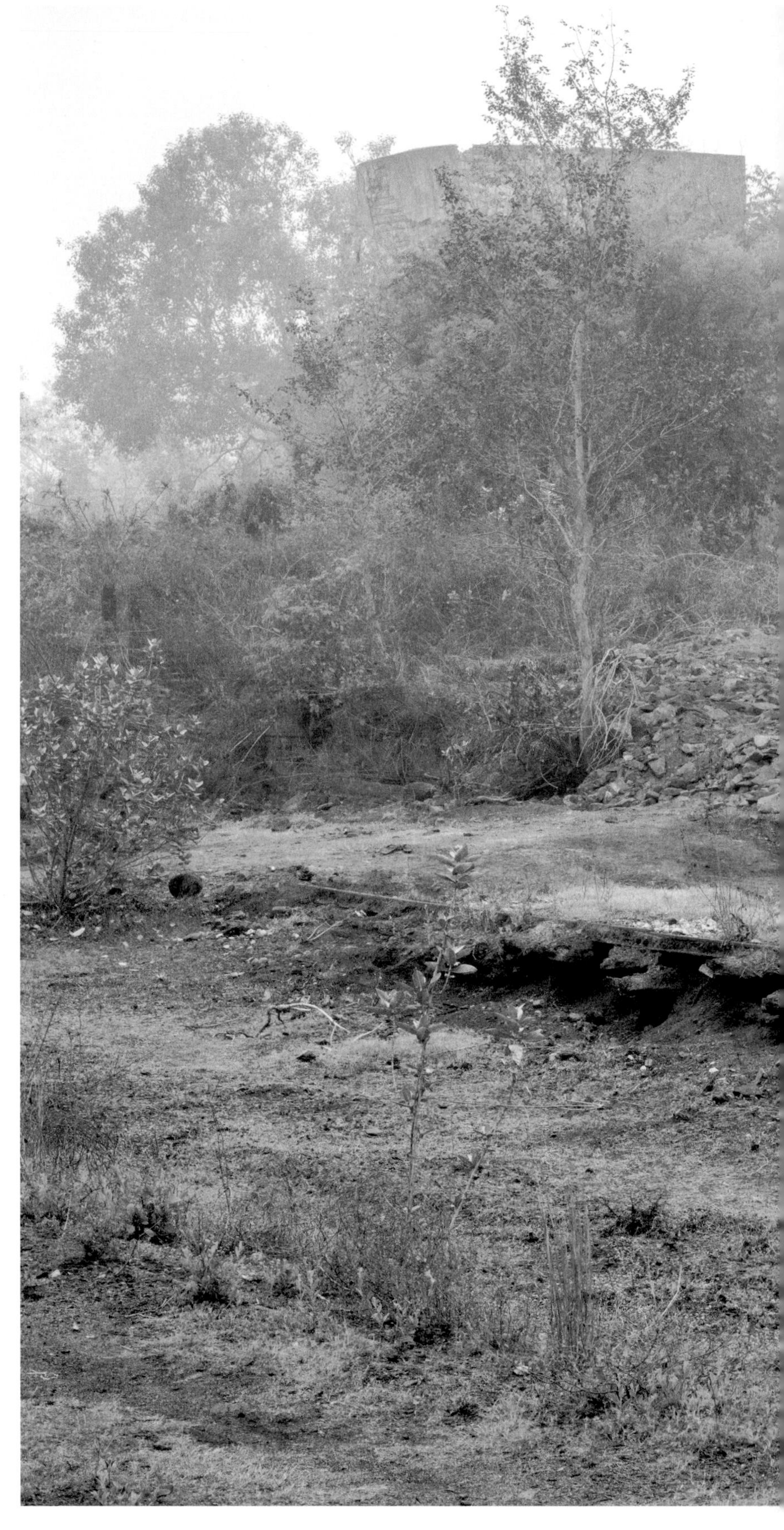

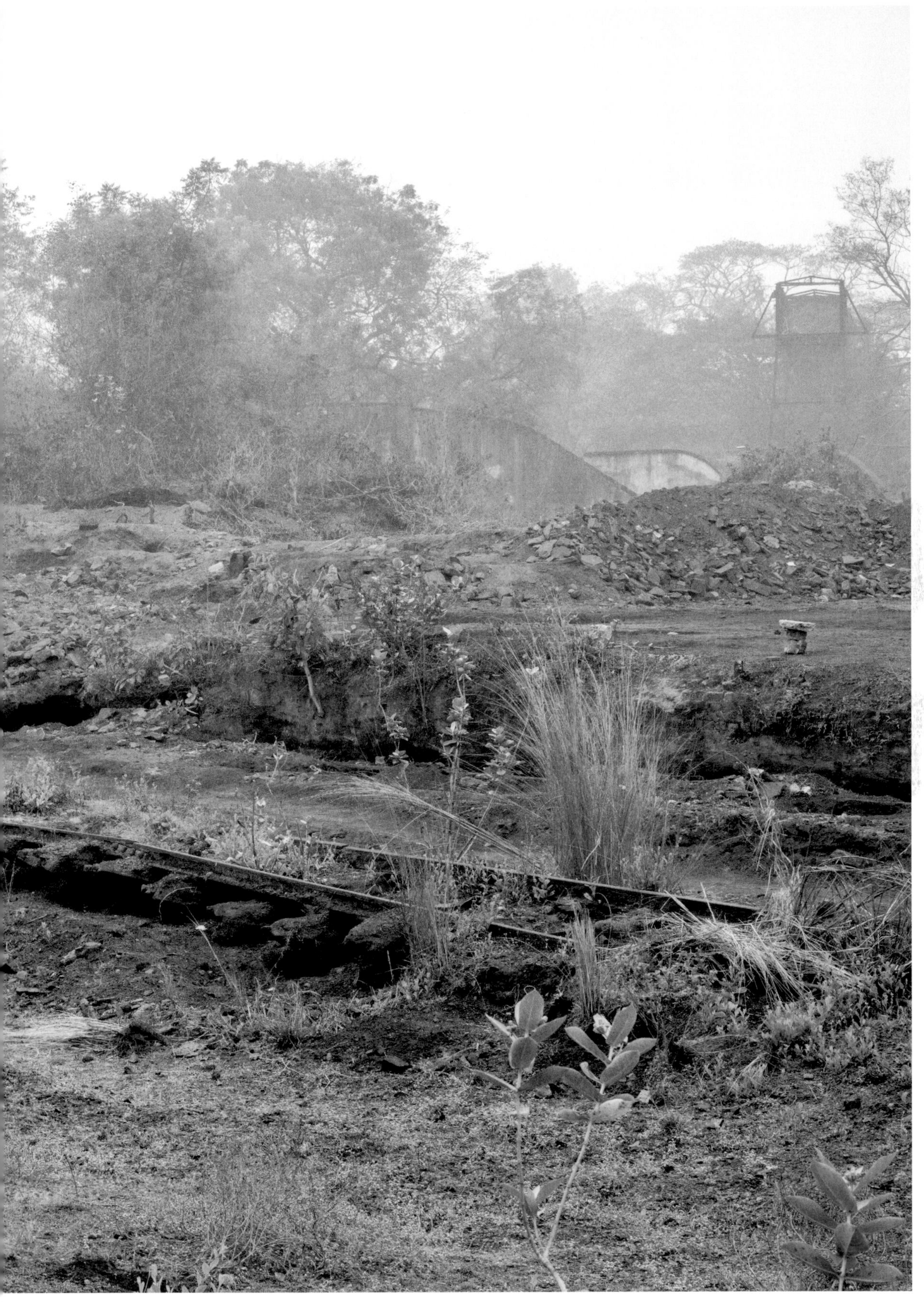

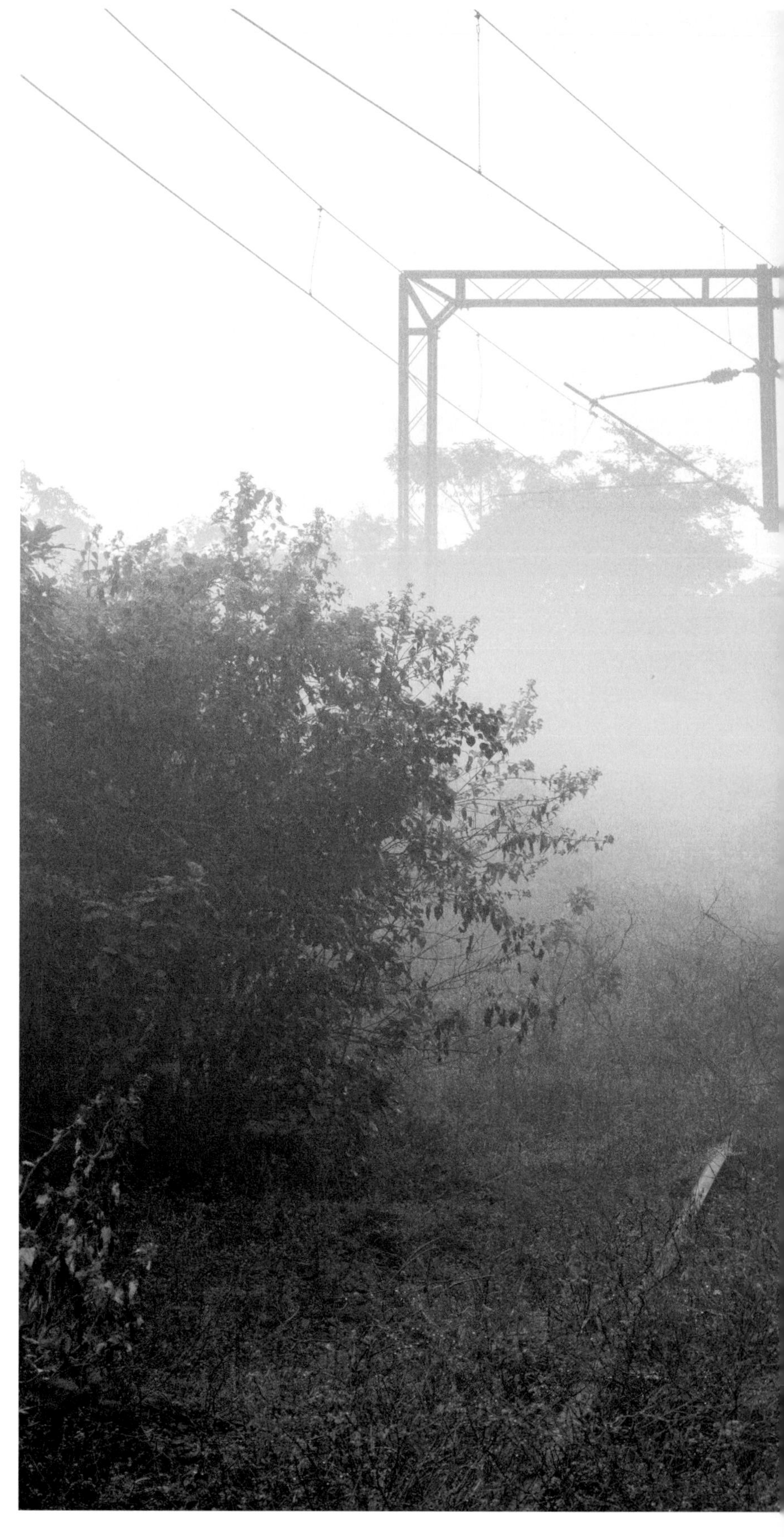

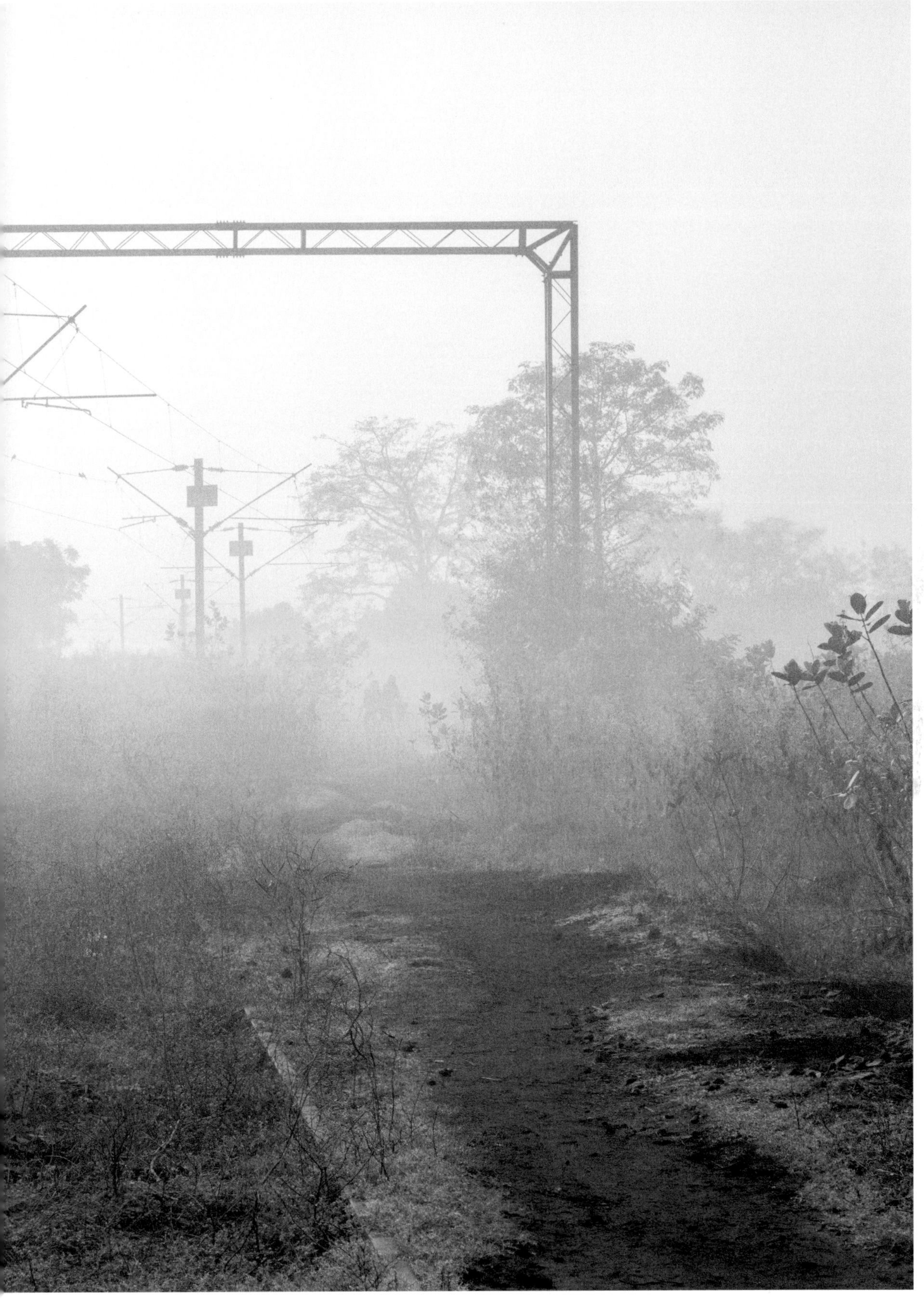

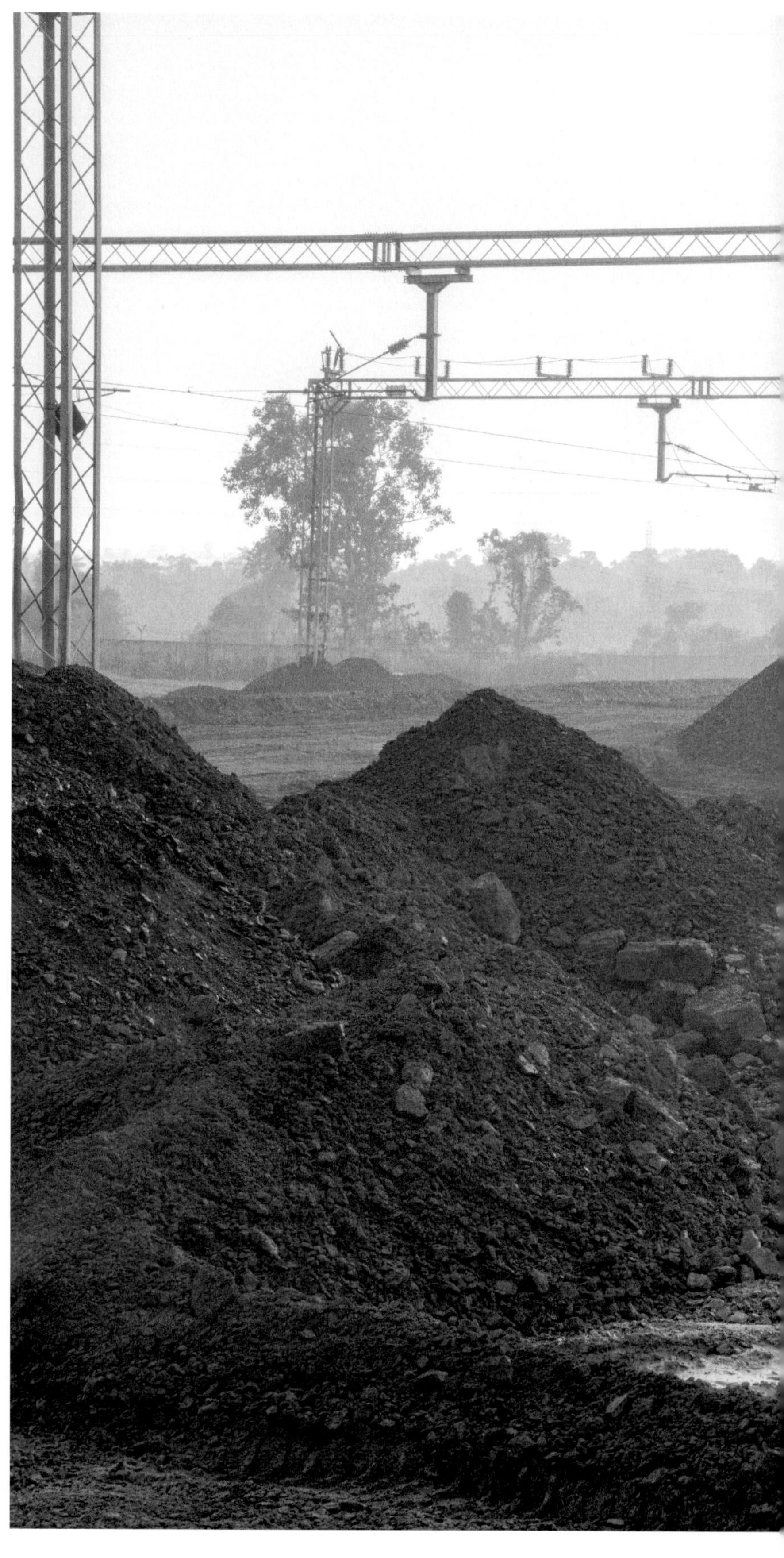

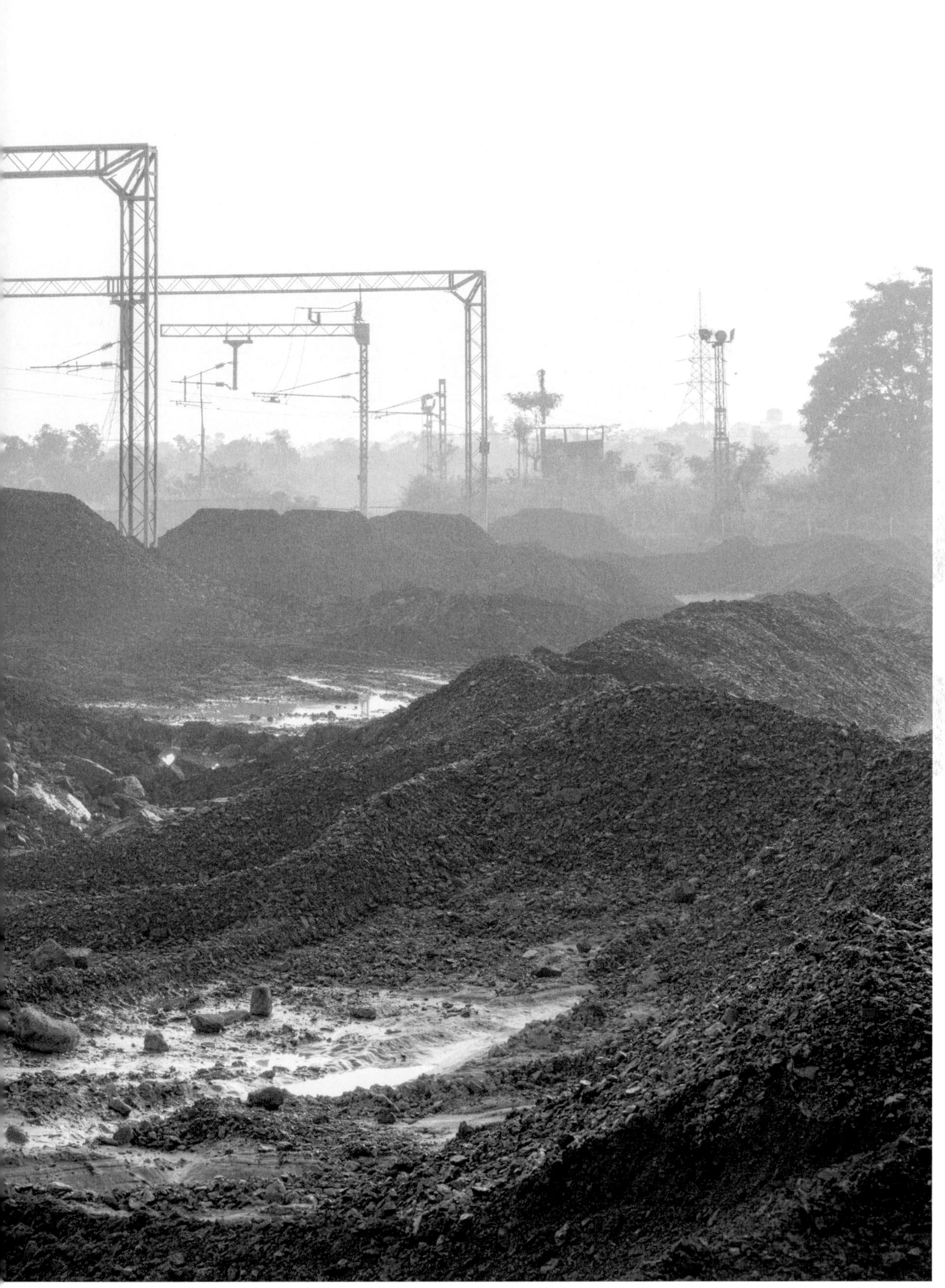

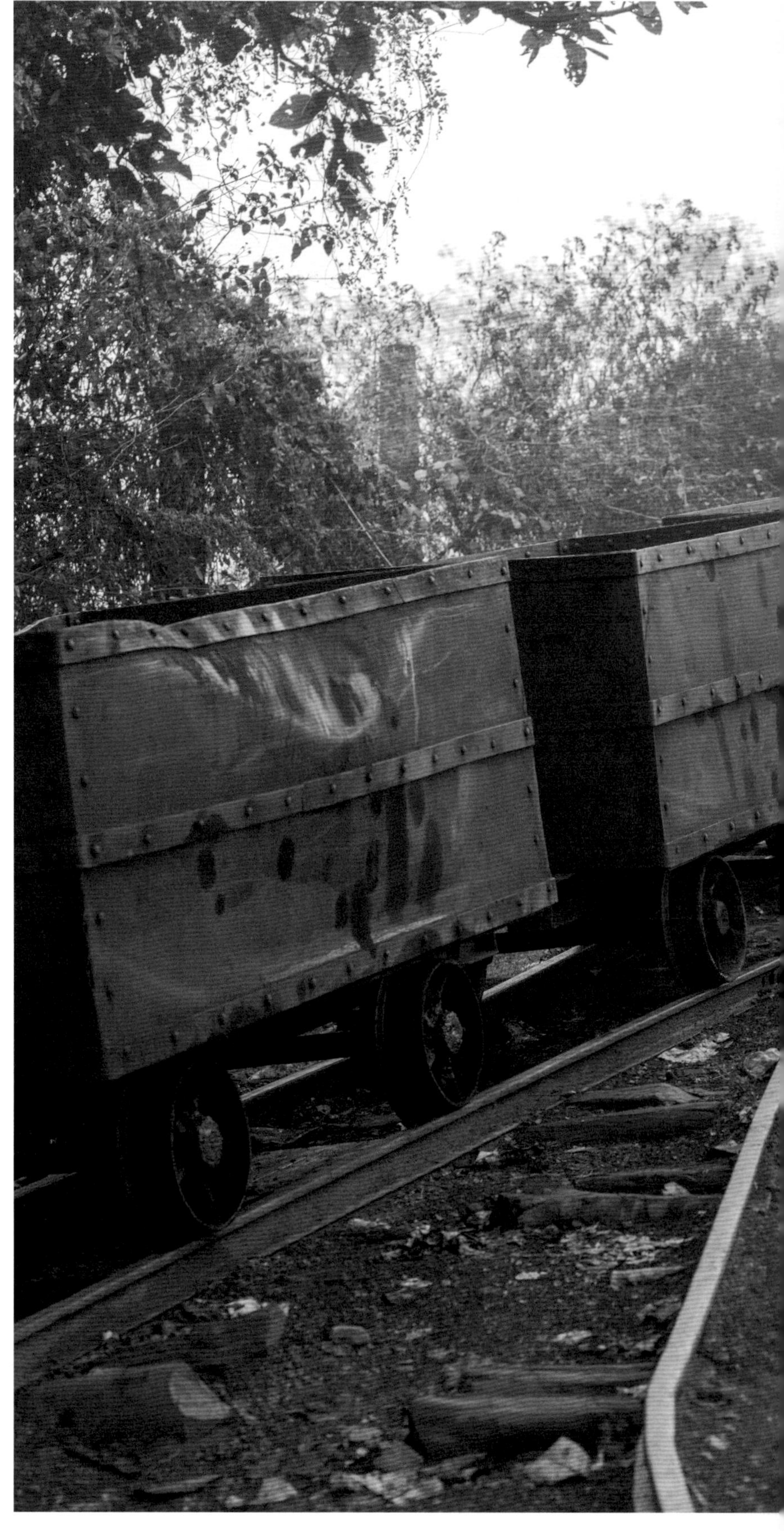

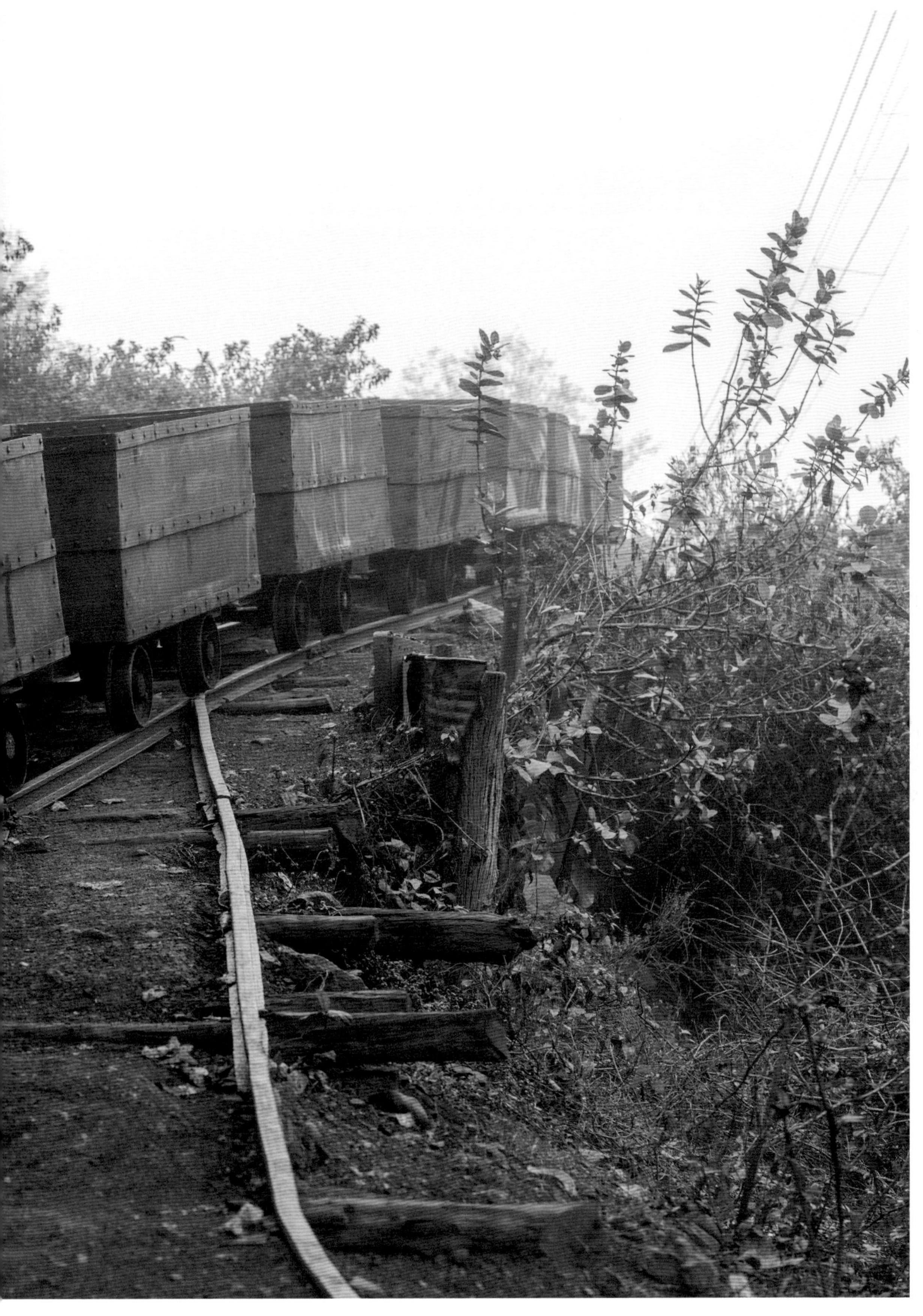

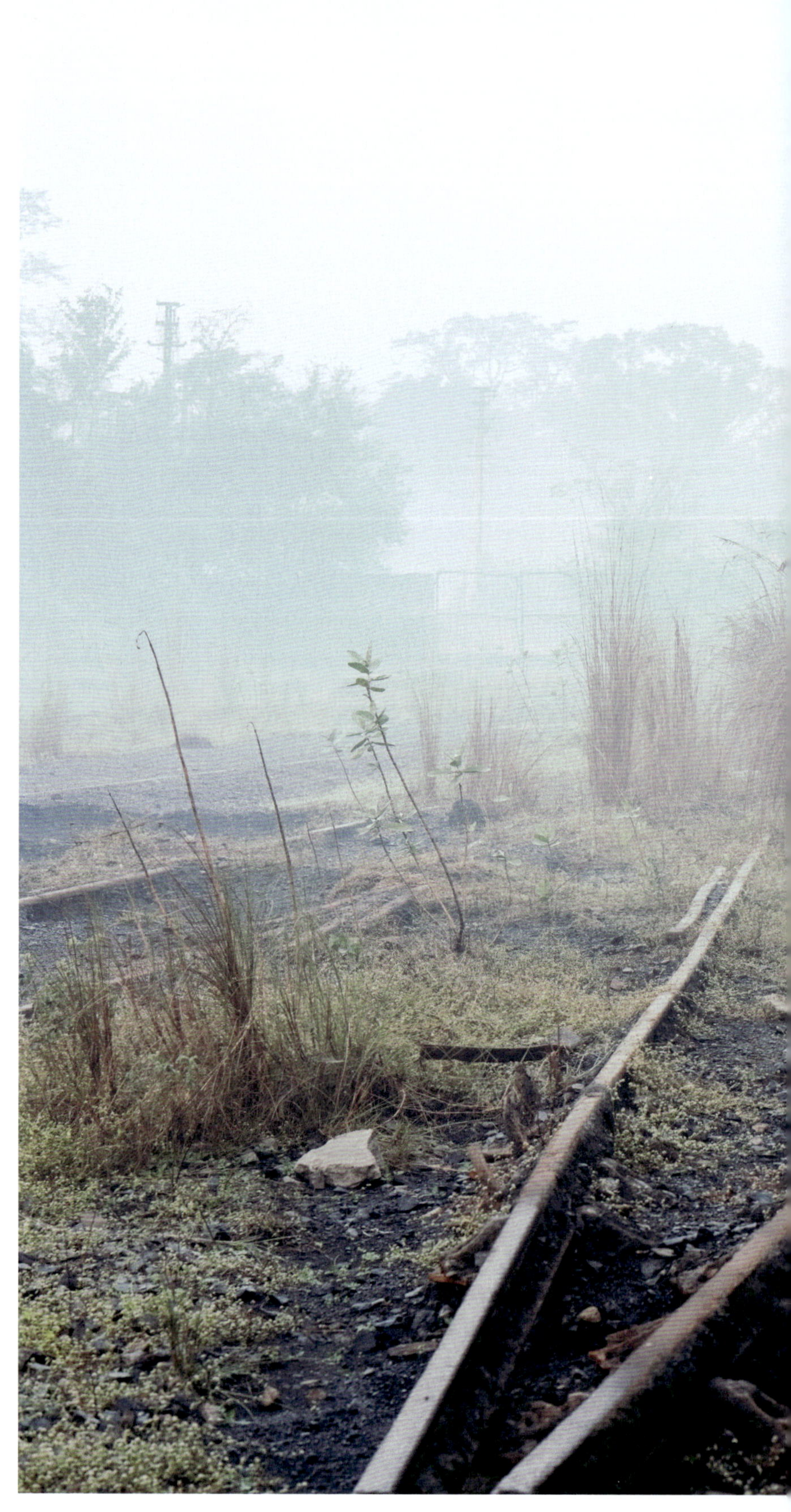

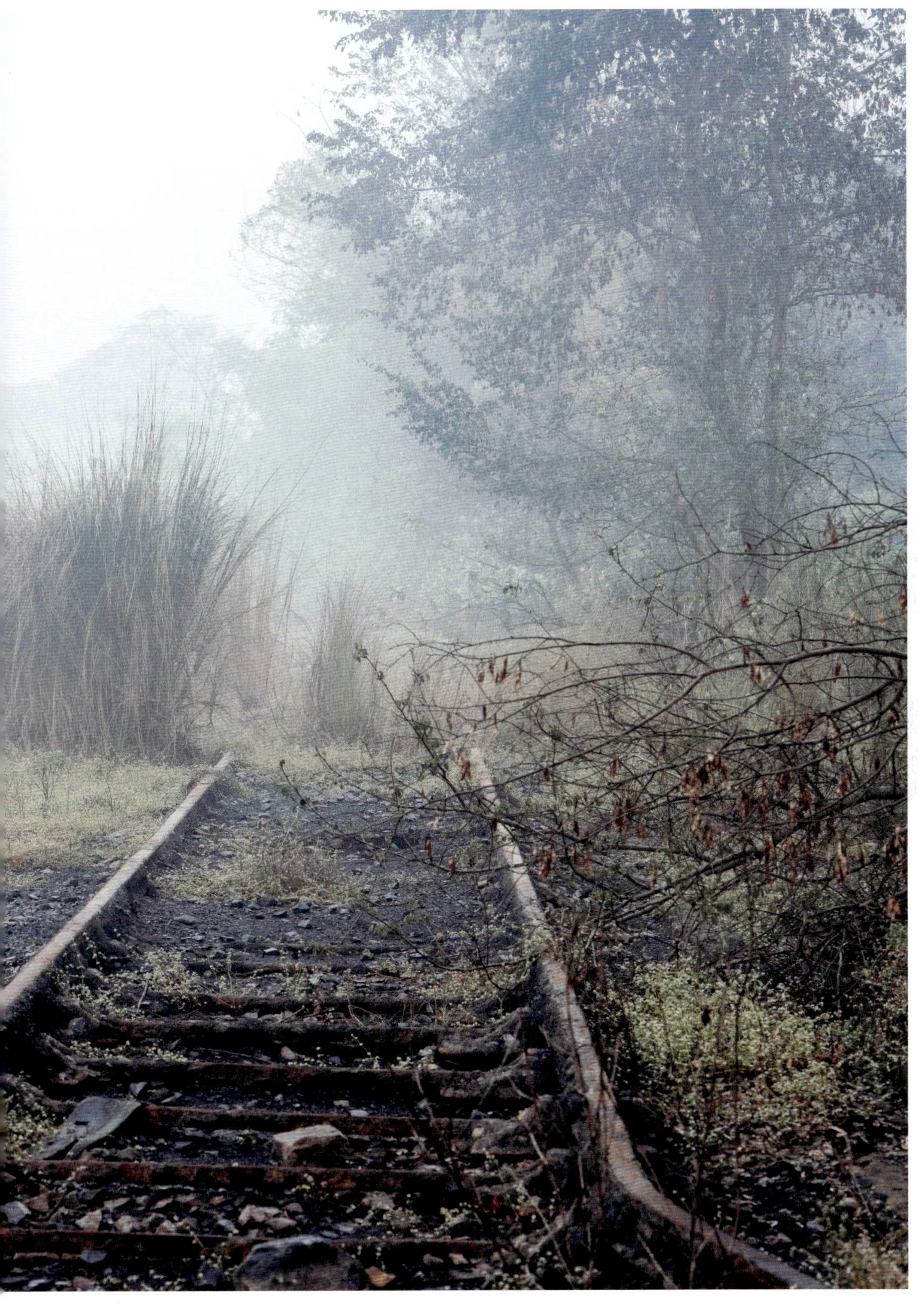

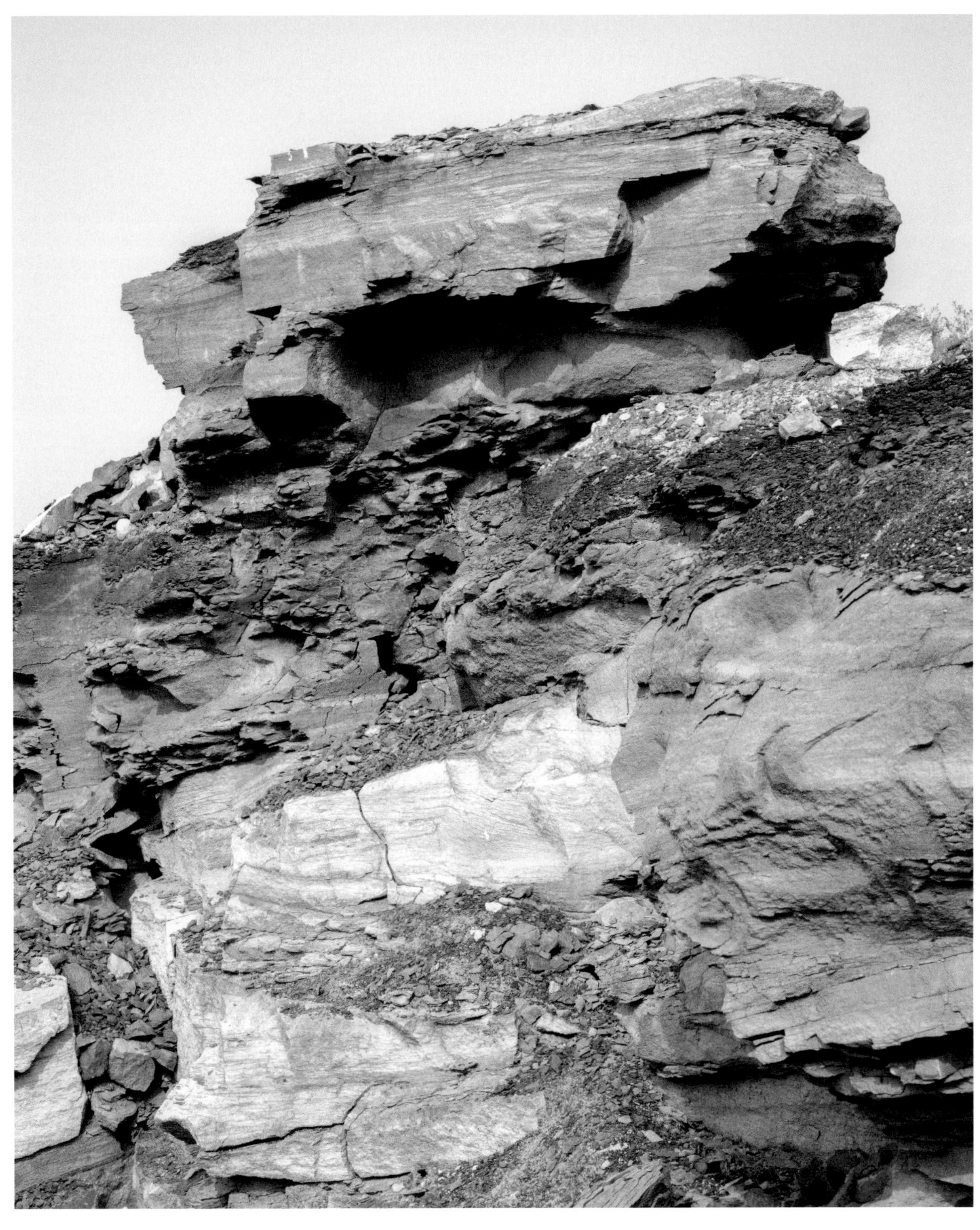

Tagebauminen in Dhanbad /
Open-Pit Mining in Dhanbad,
Indien / India

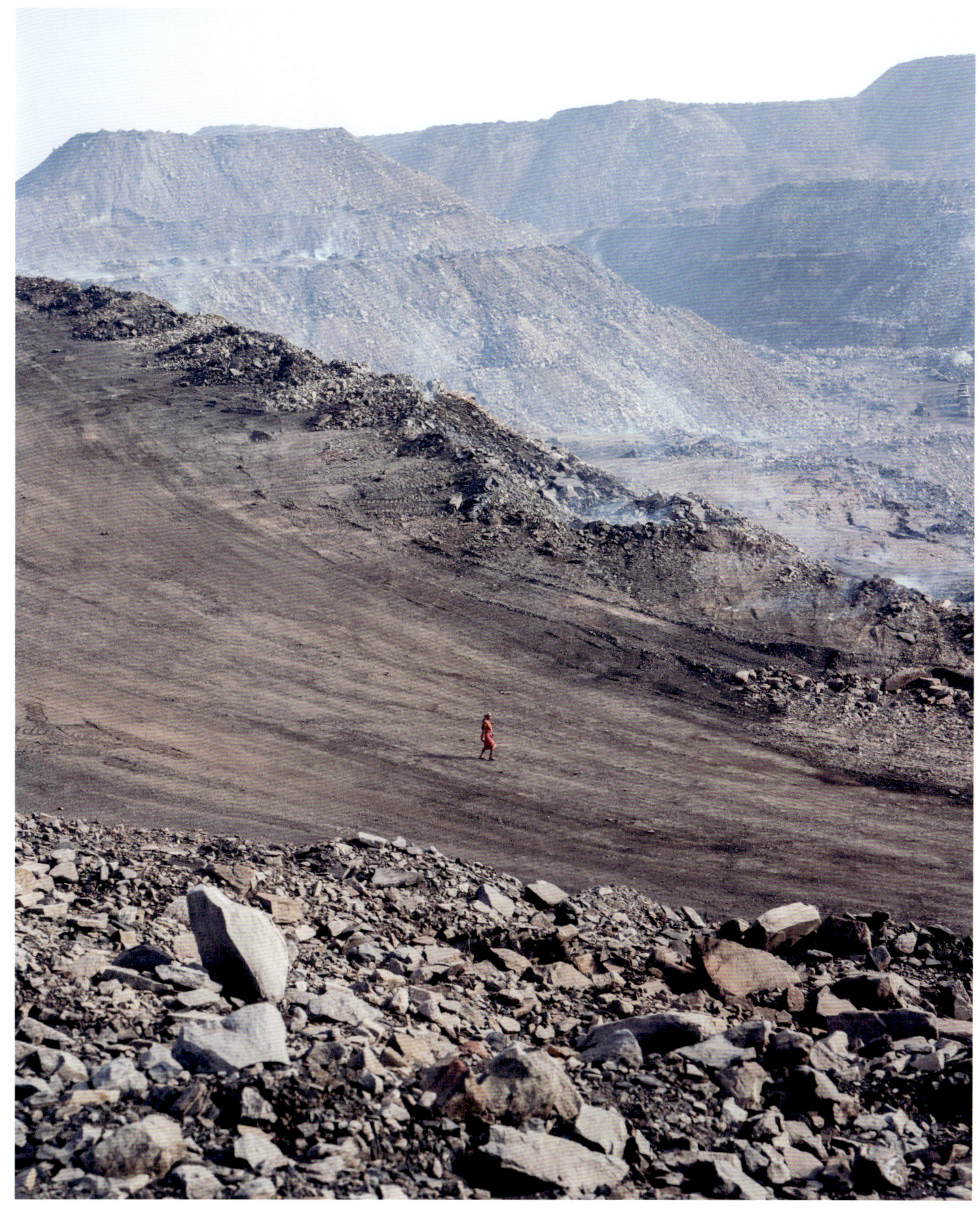

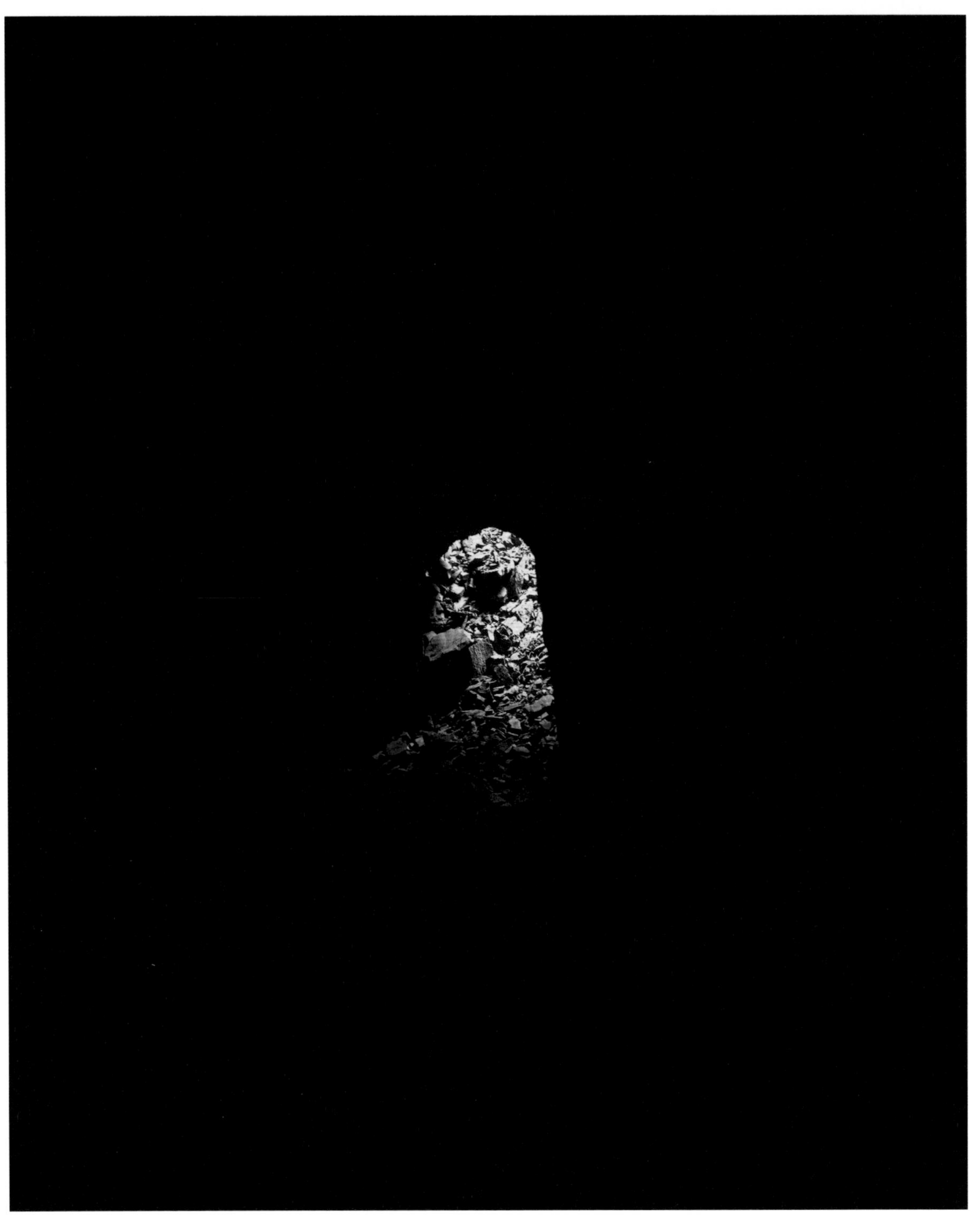

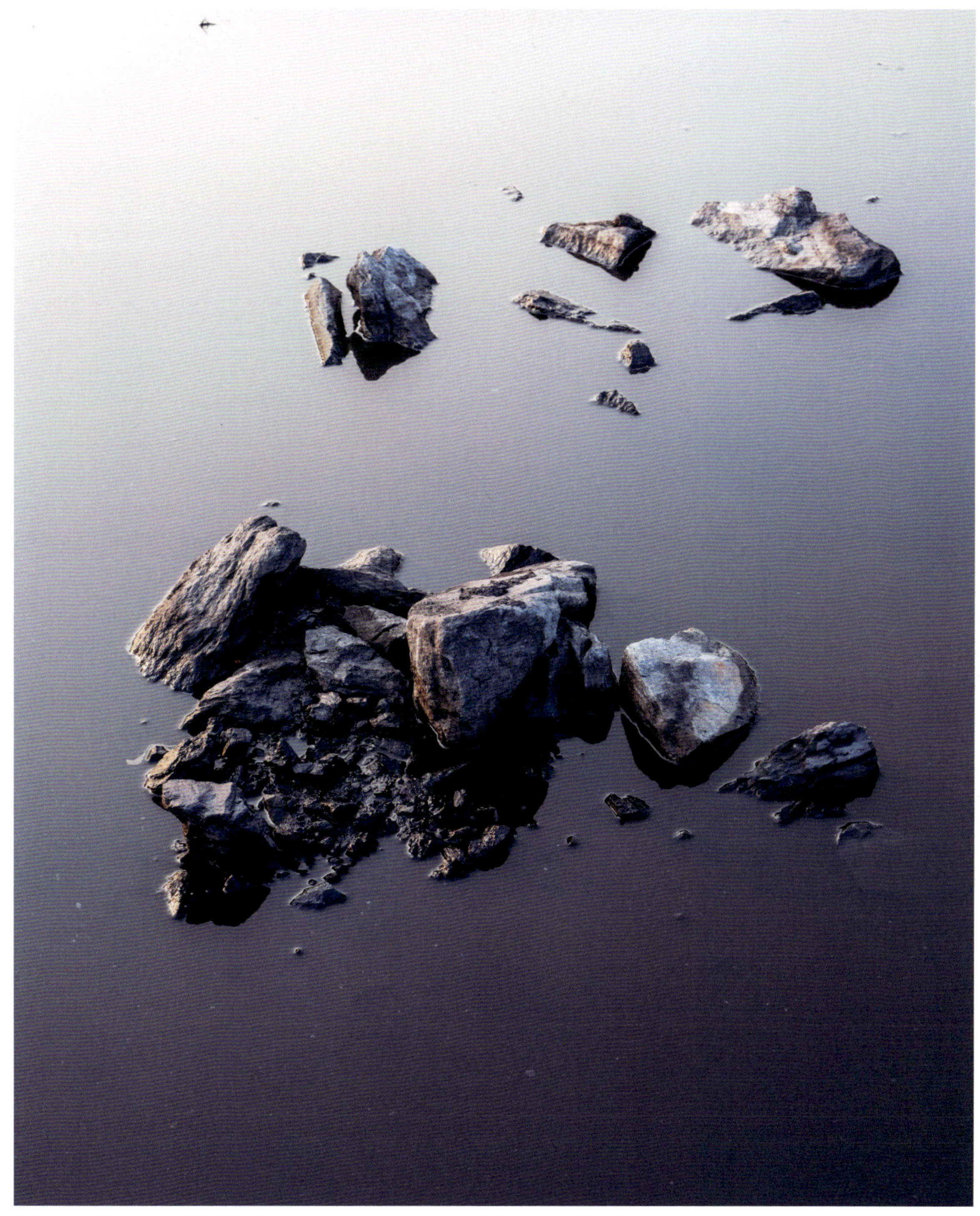

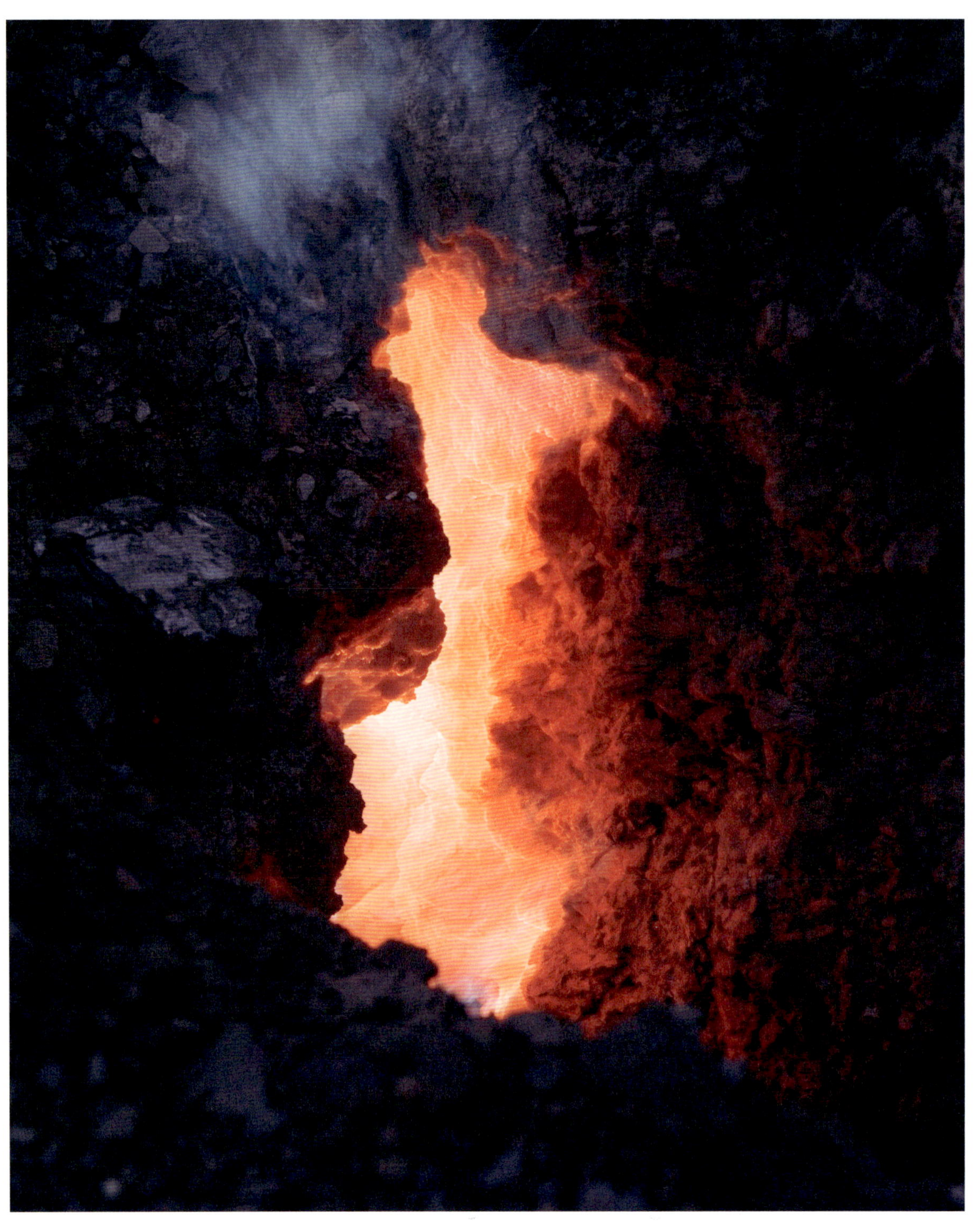

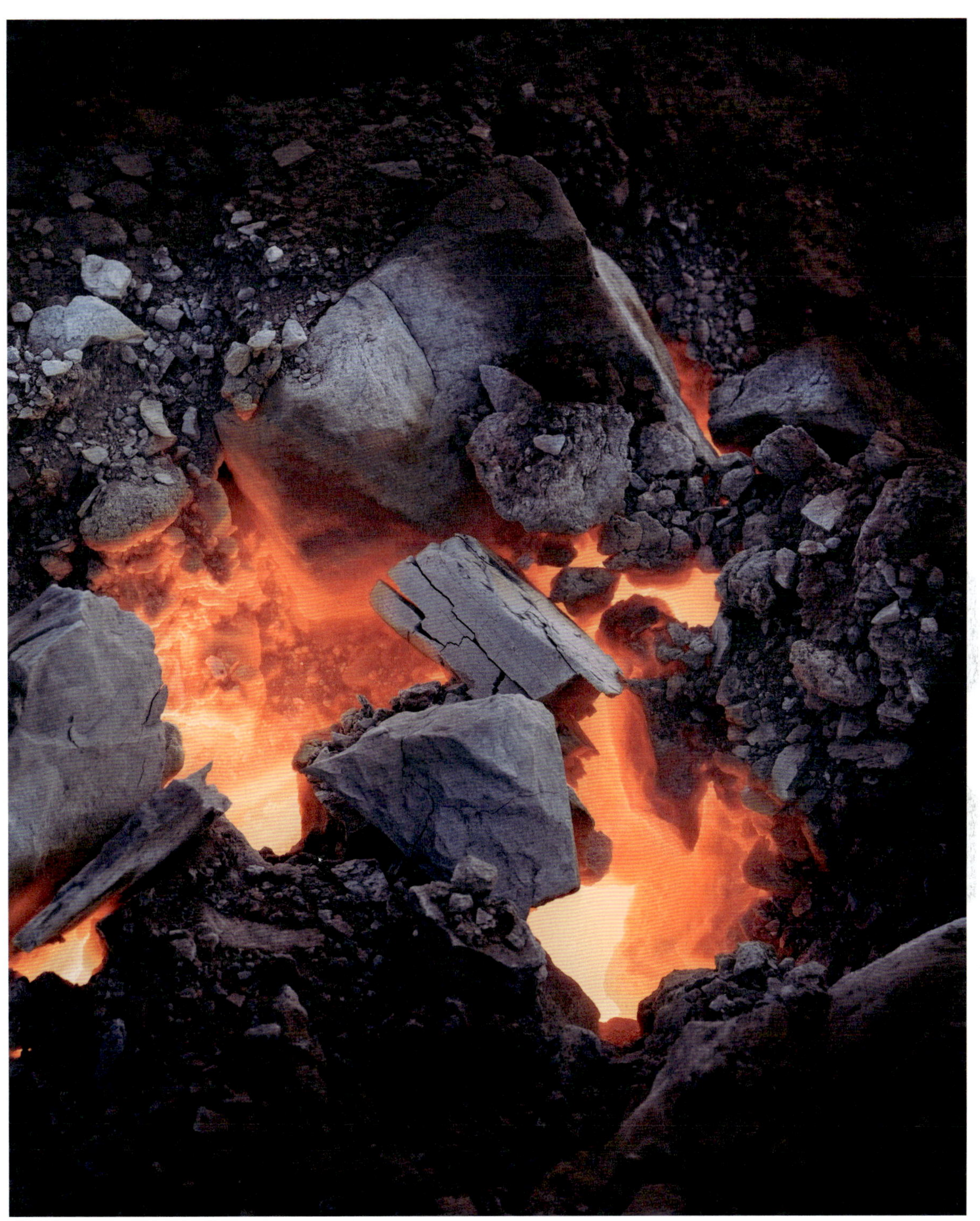

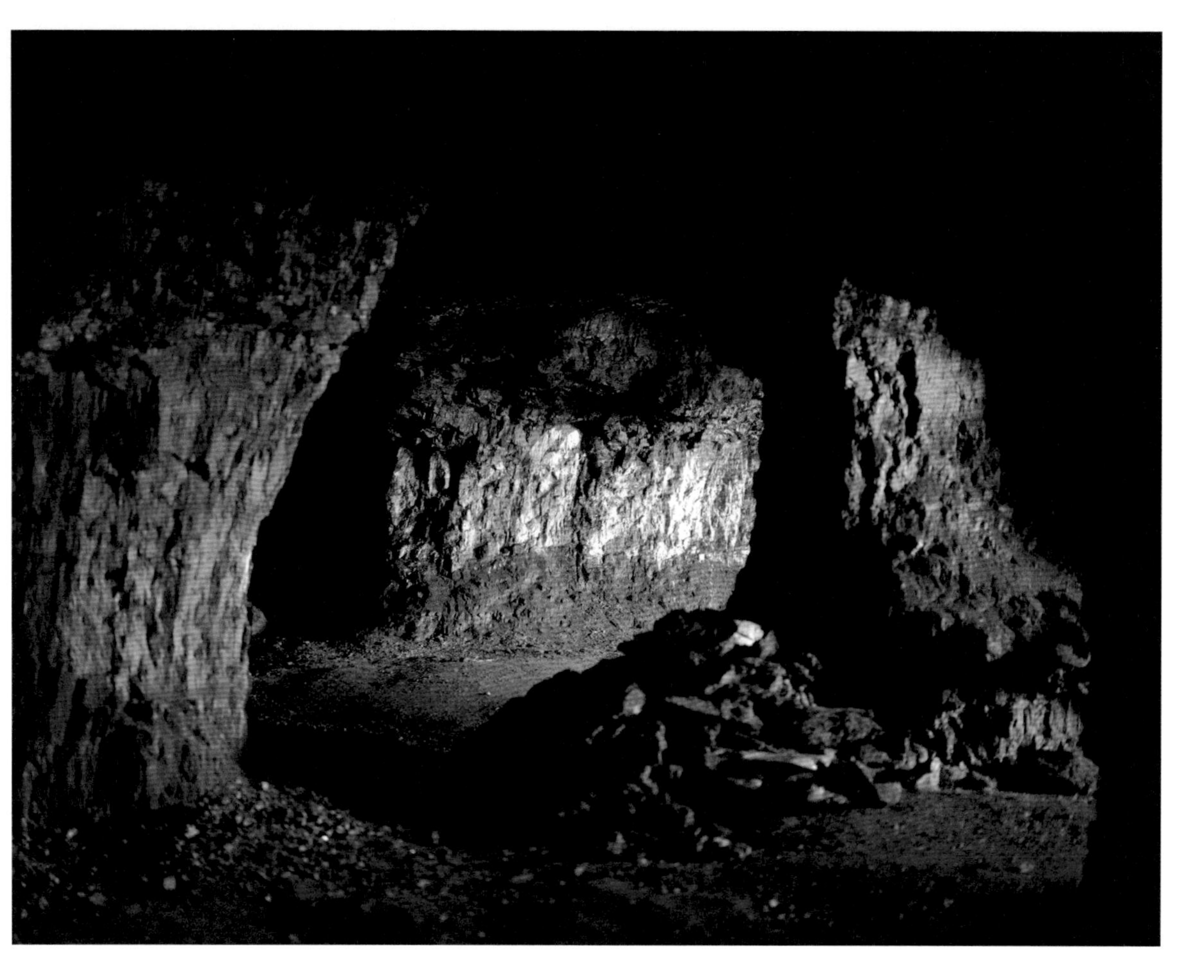

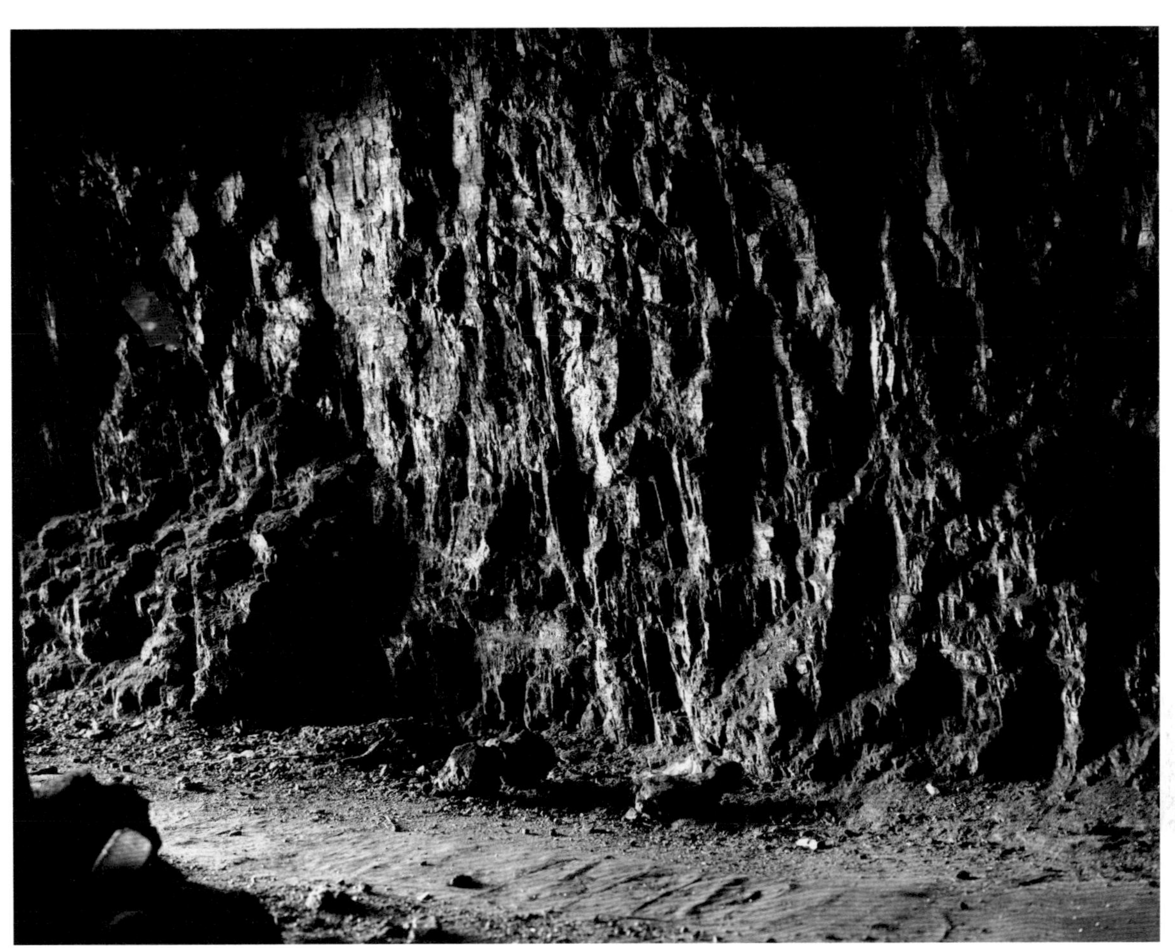

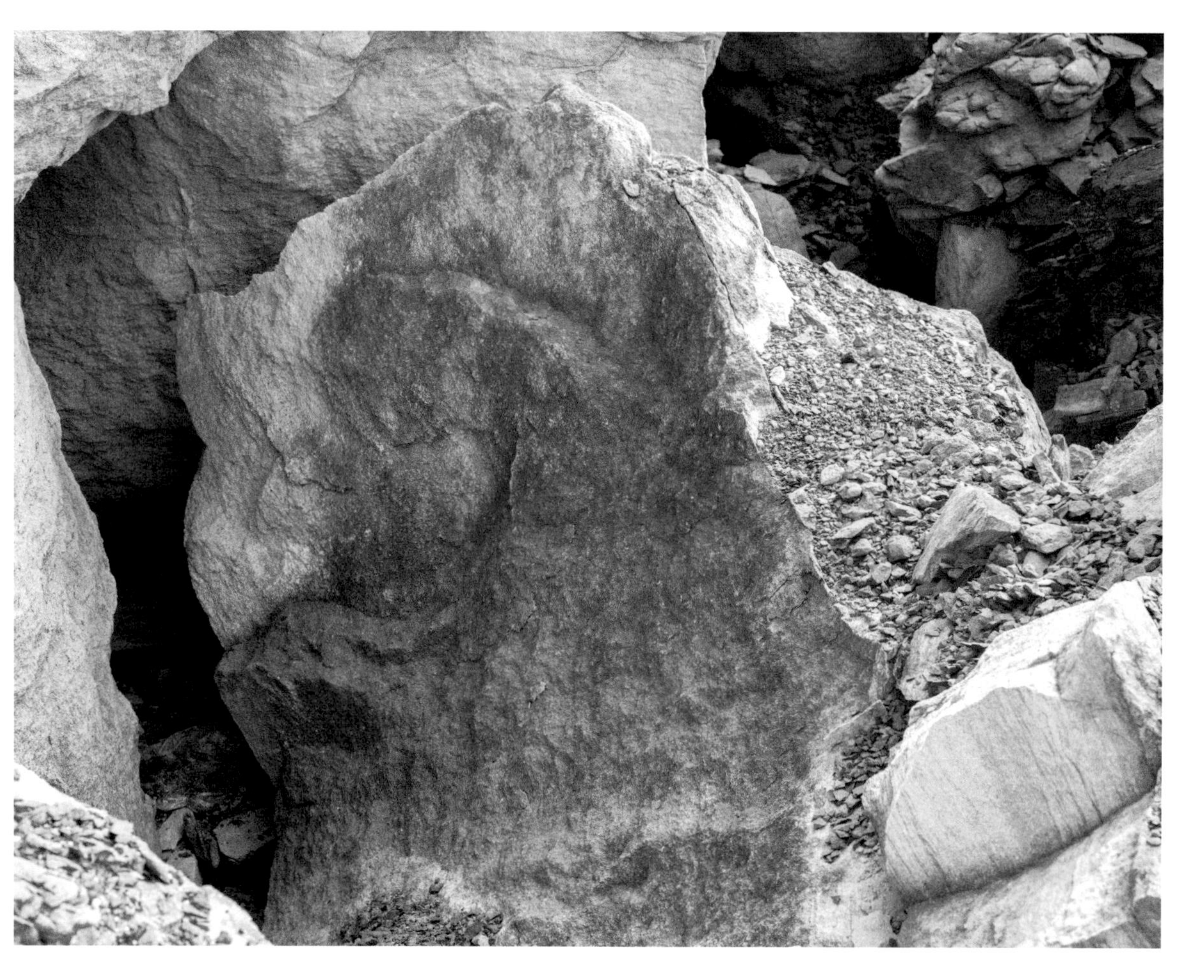

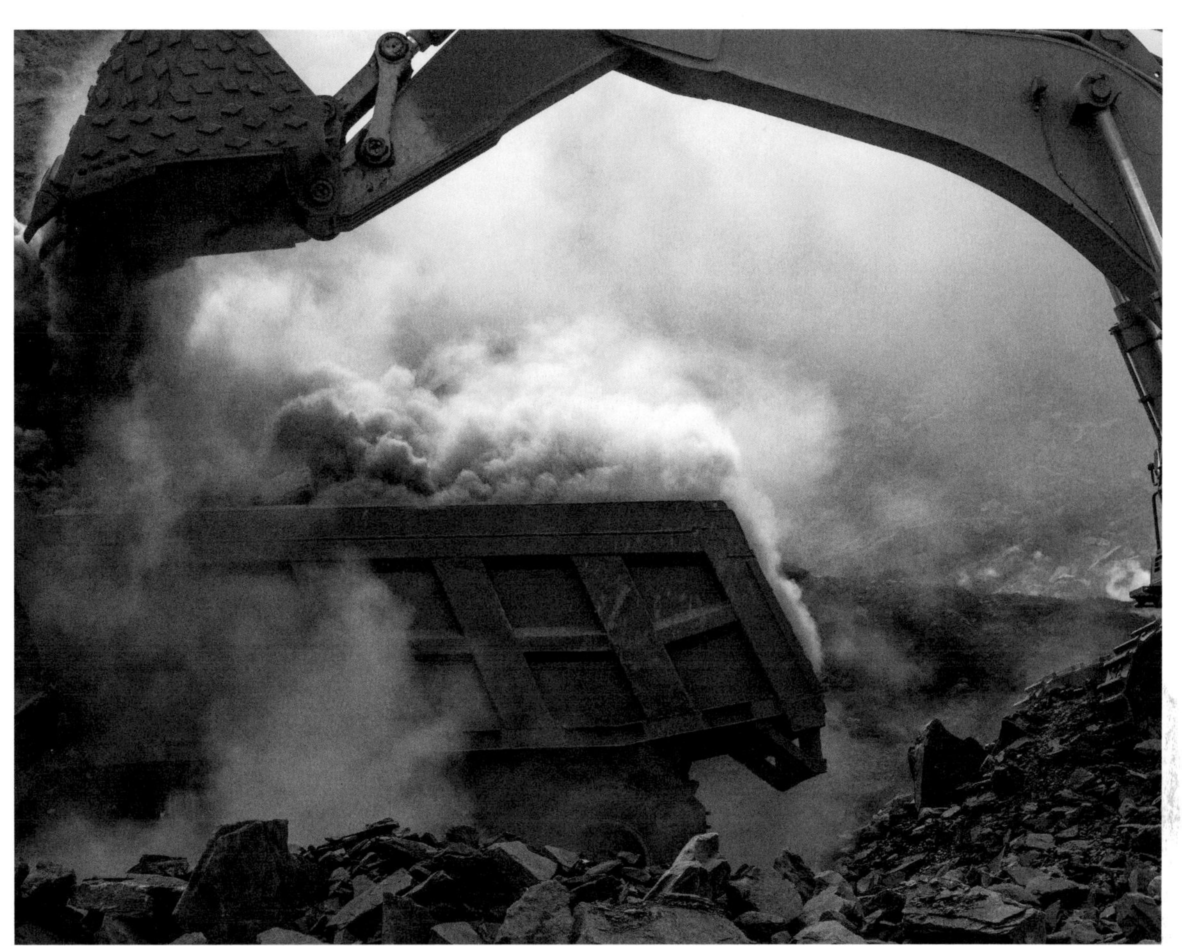

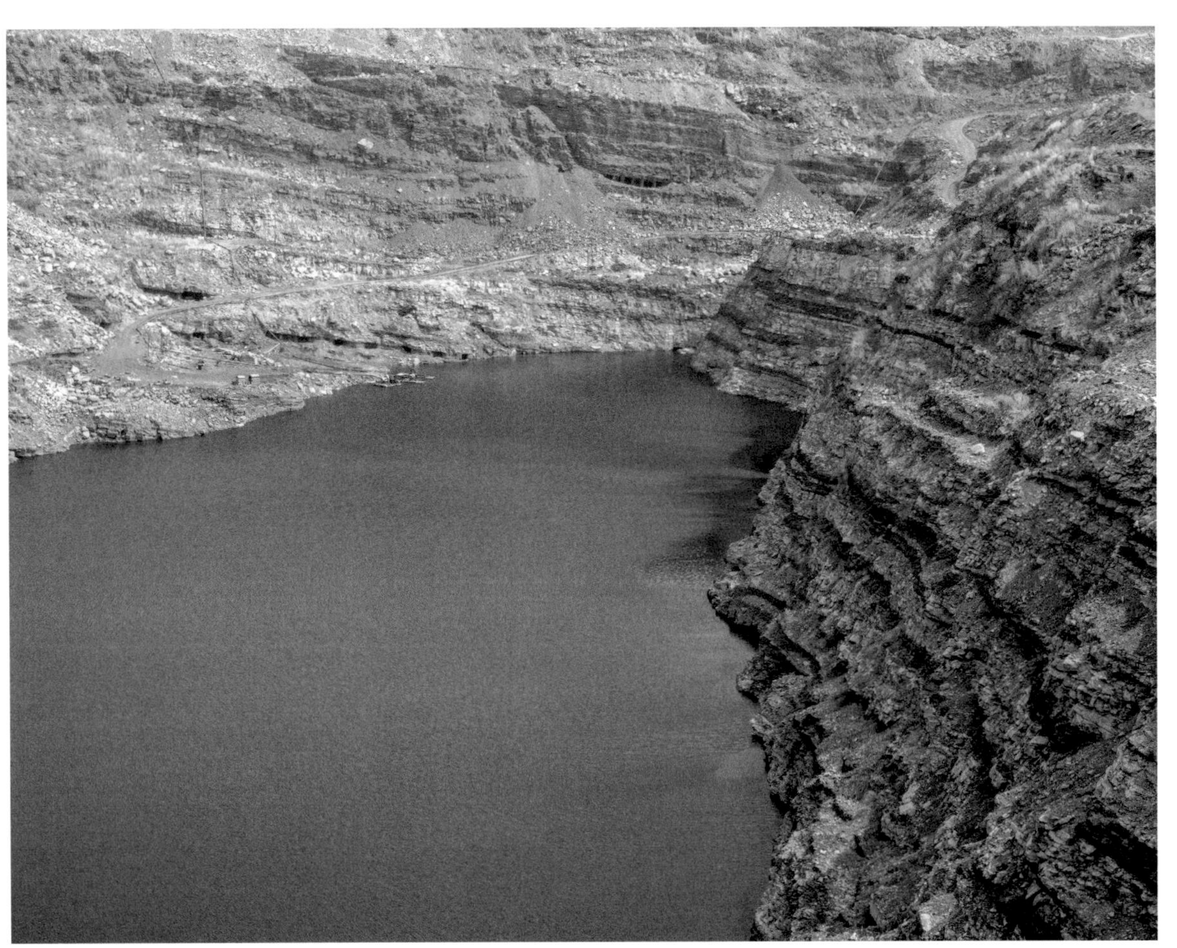

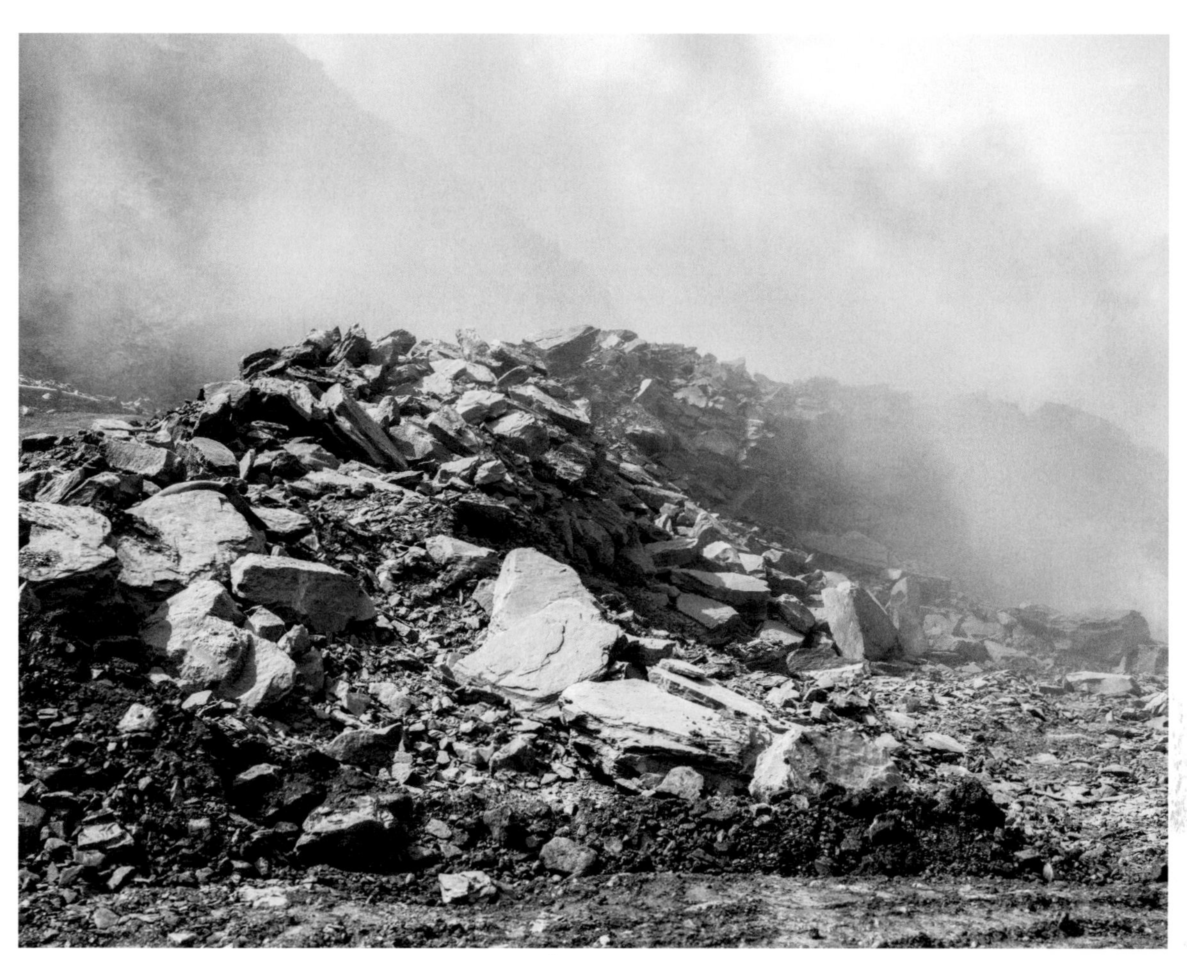

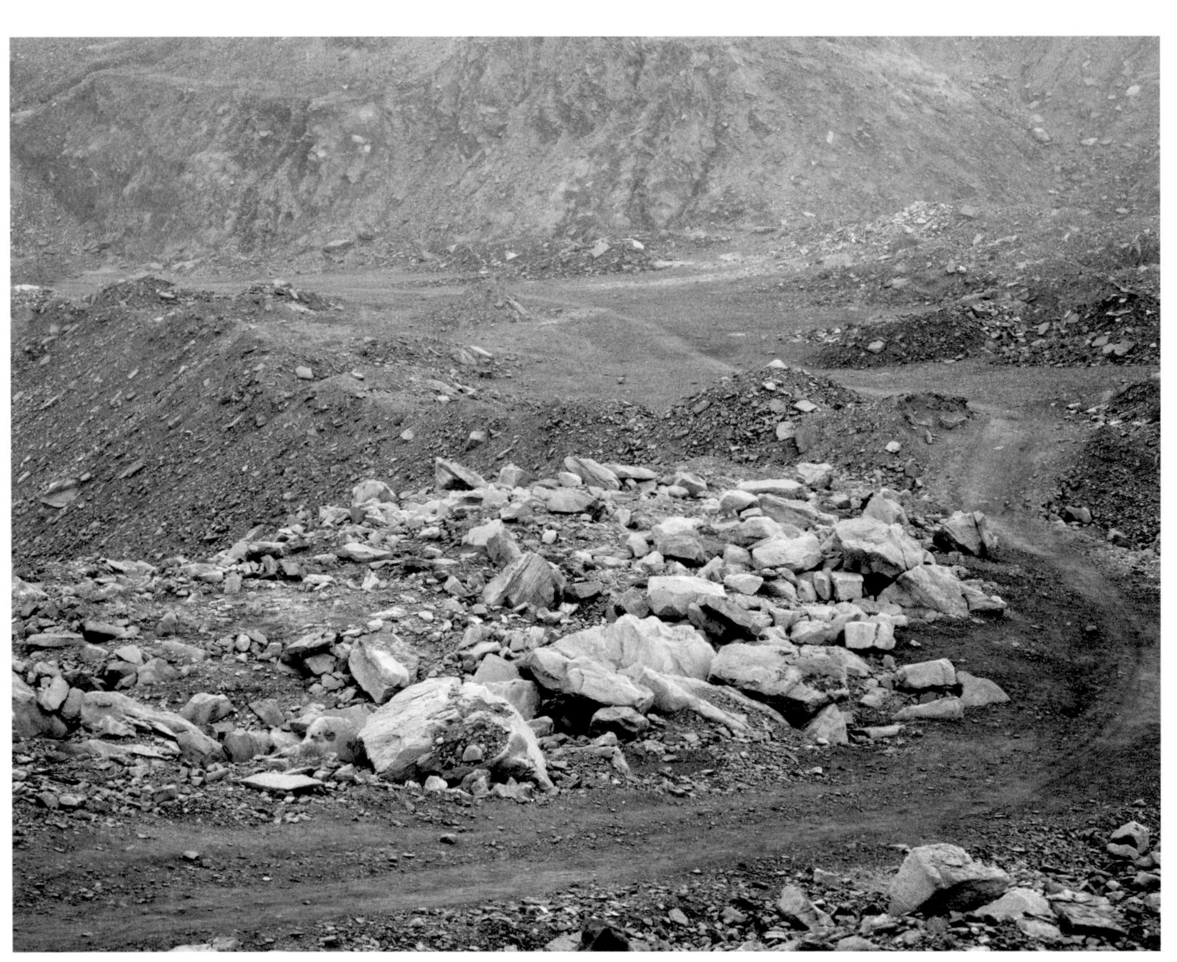

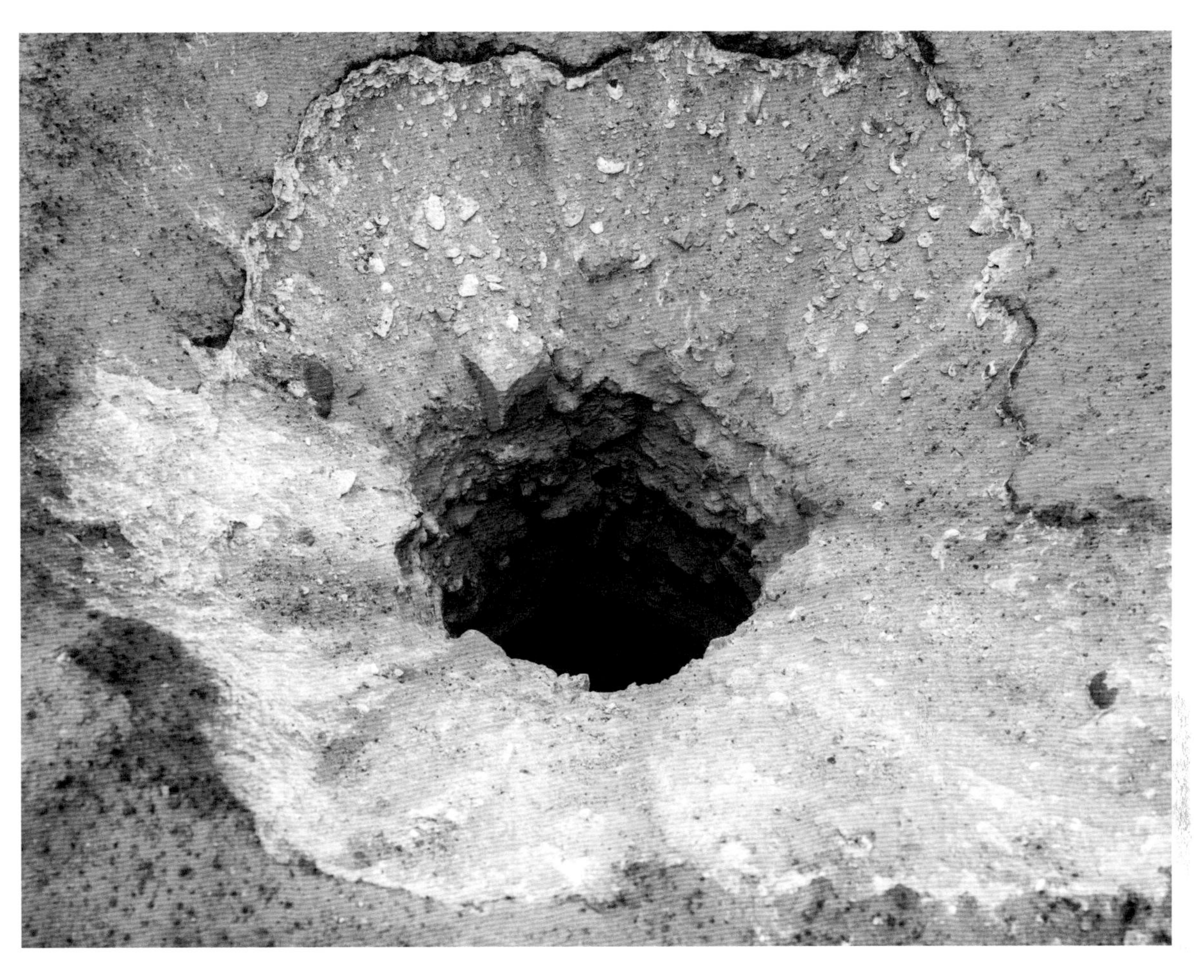

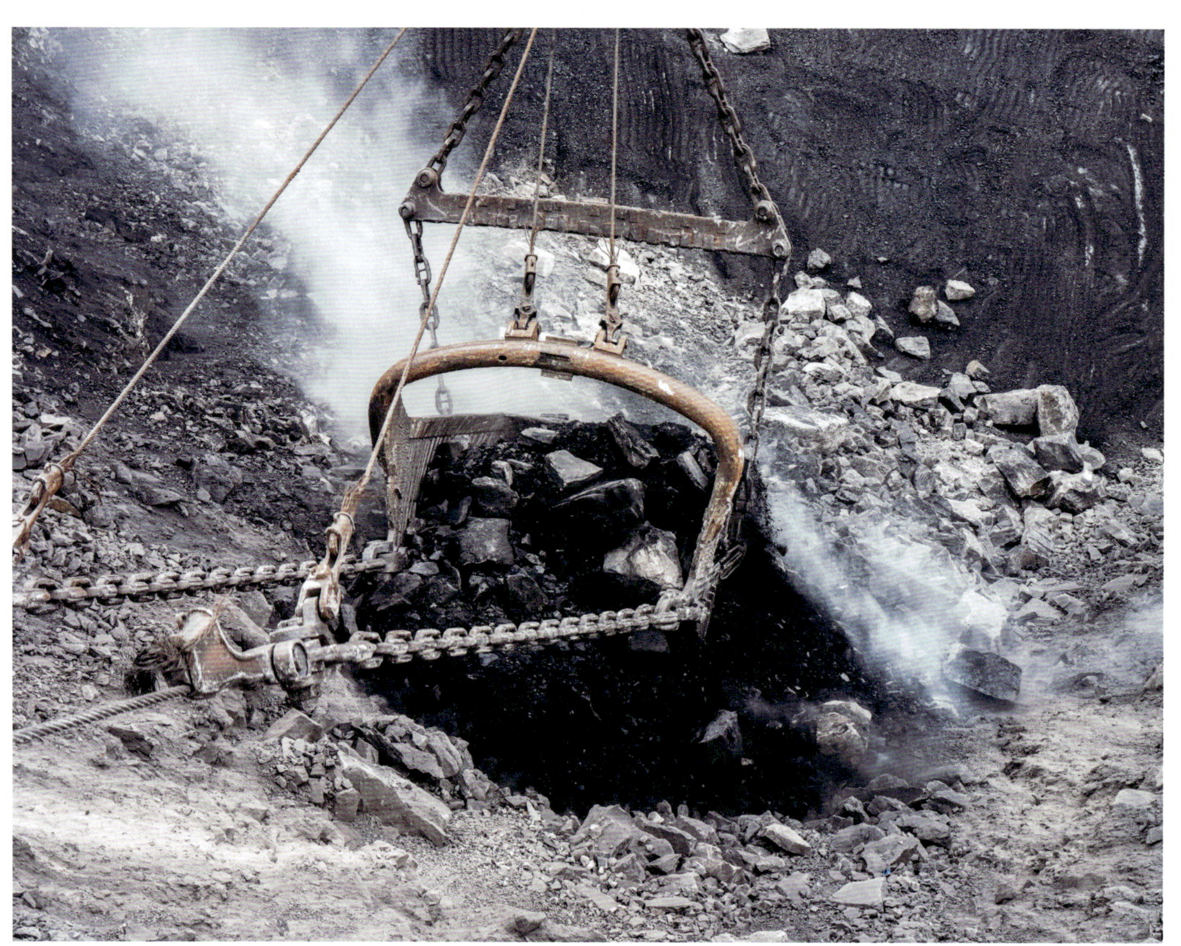

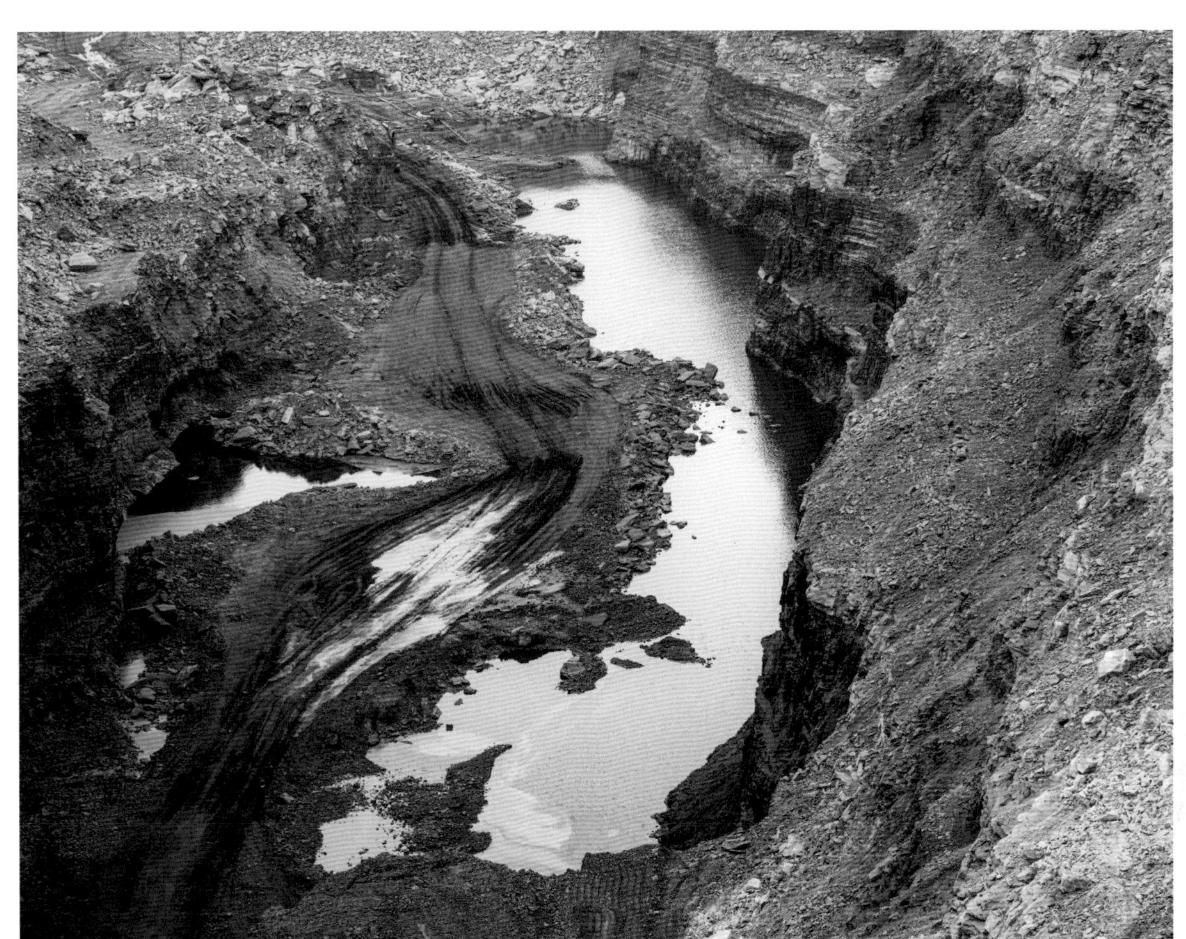

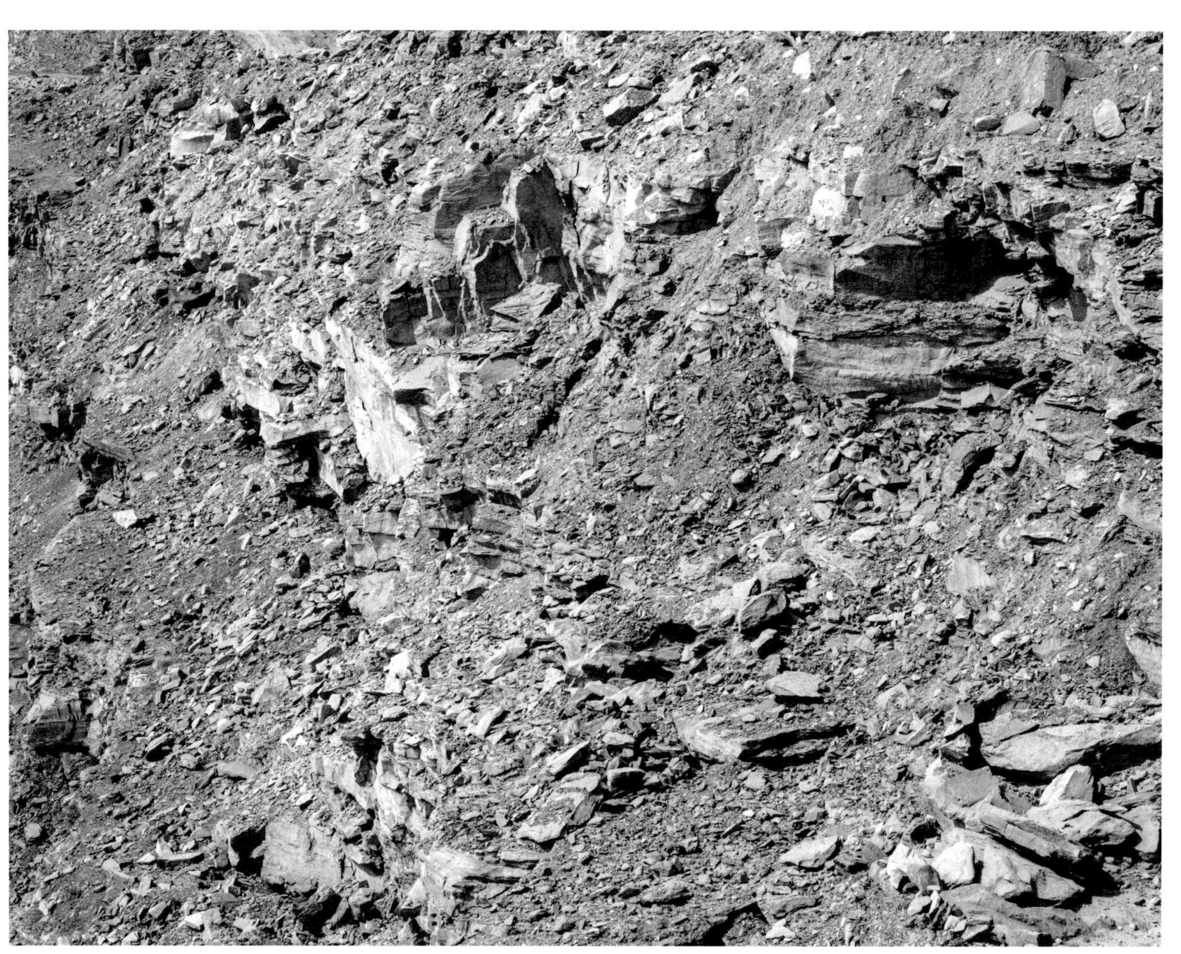

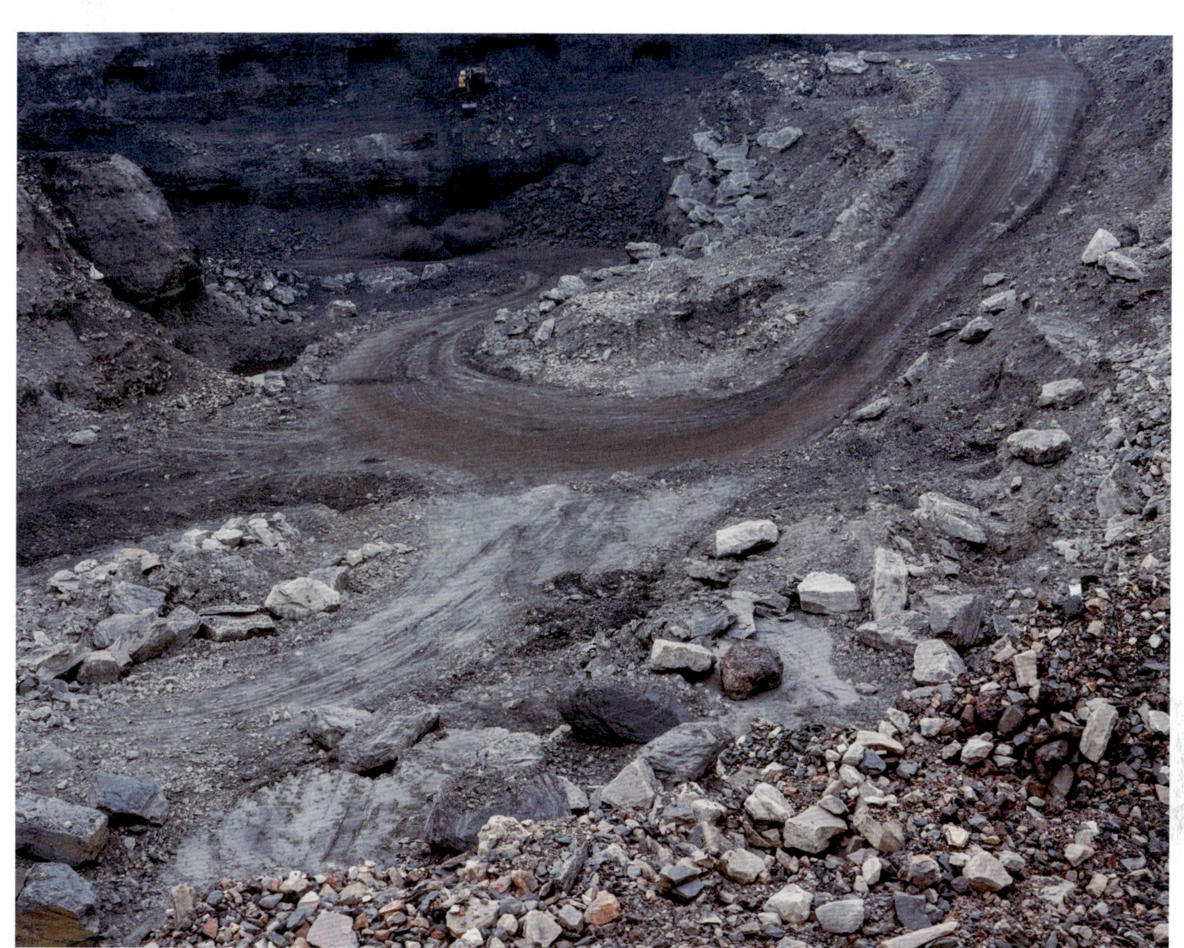

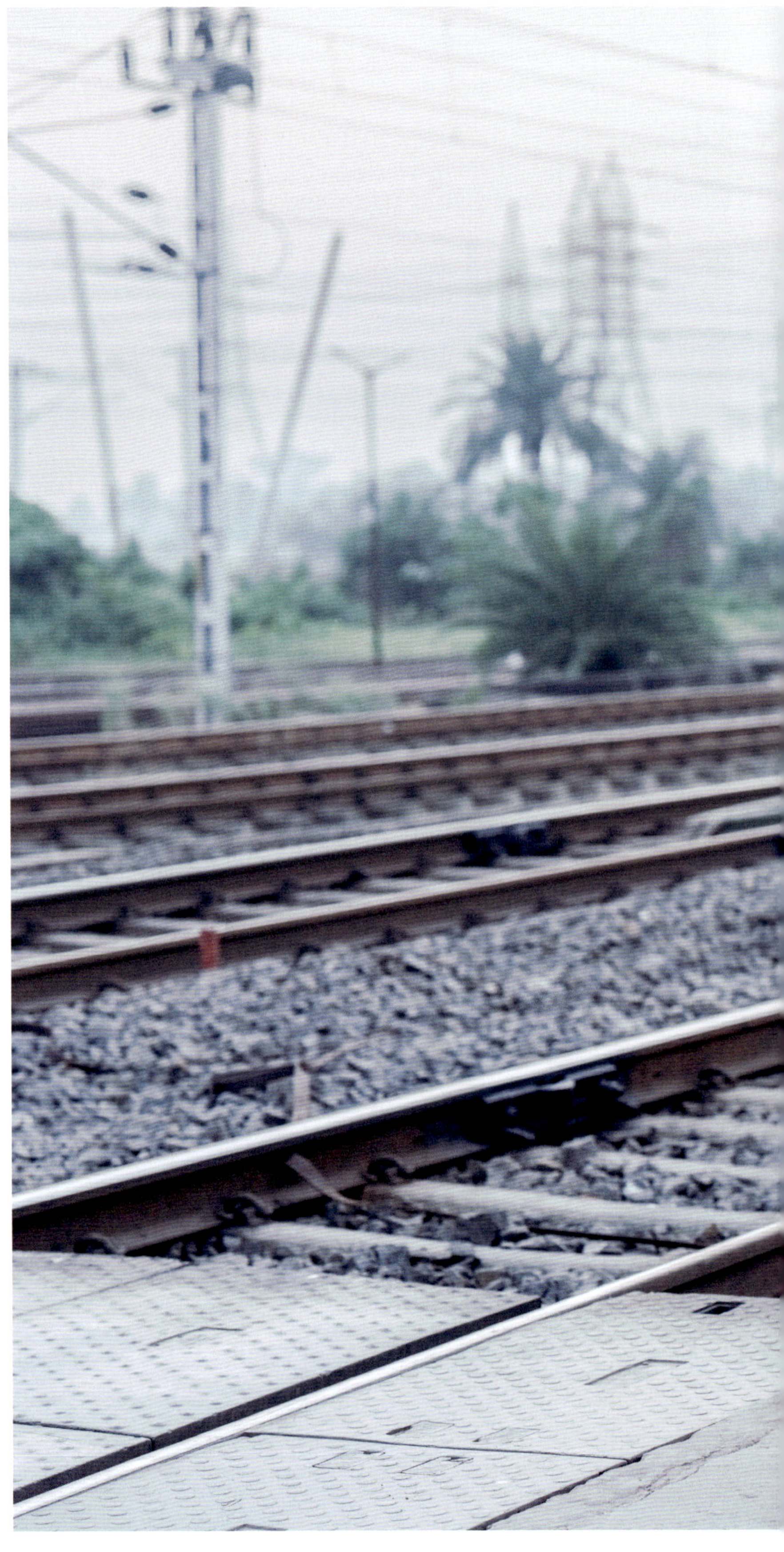

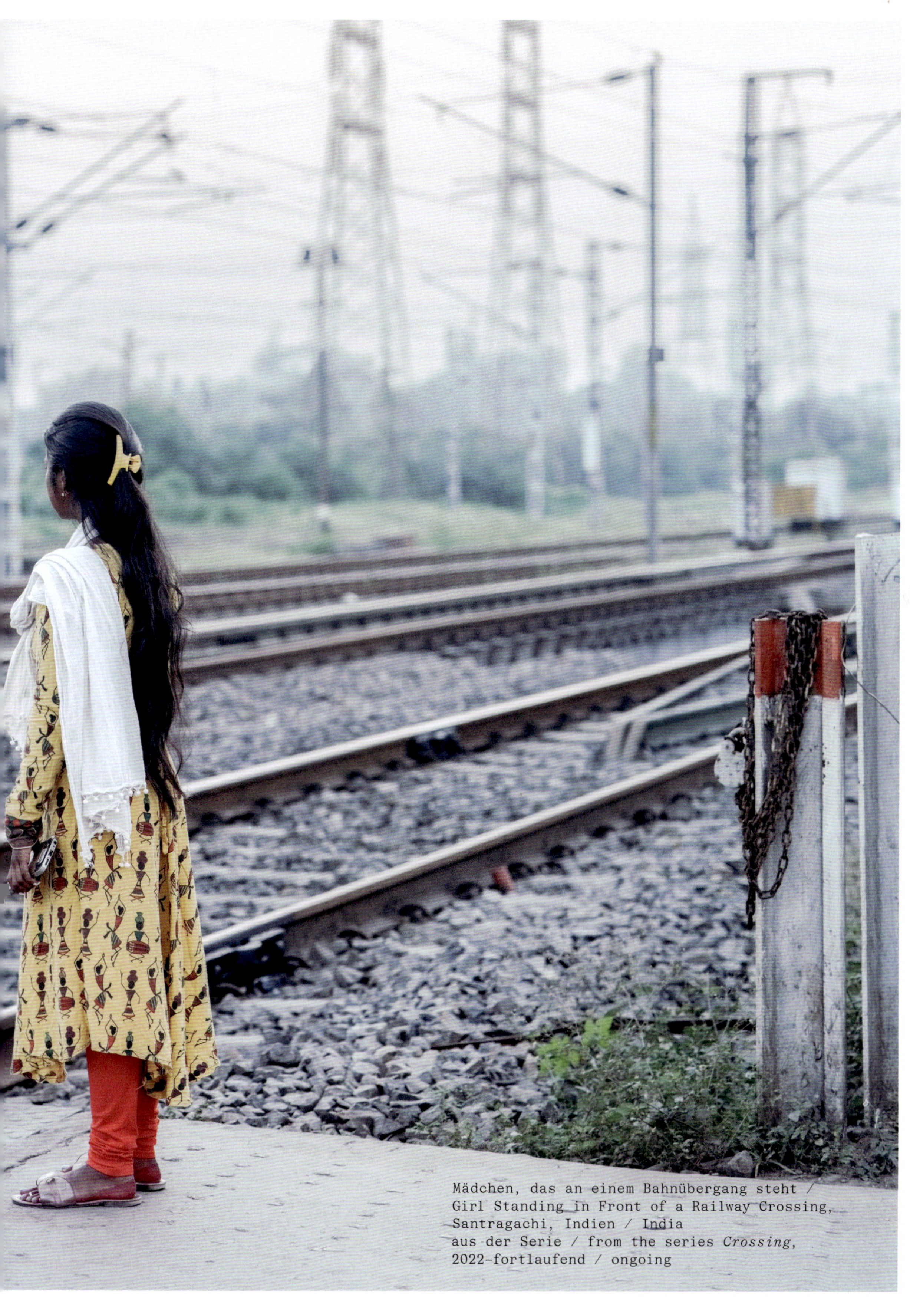

Mädchen, das an einem Bahnübergang steht /
Girl Standing in Front of a Railway Crossing,
Santragachi, Indien / India
aus der Serie / from the series *Crossing*,
2022–fortlaufend / ongoing

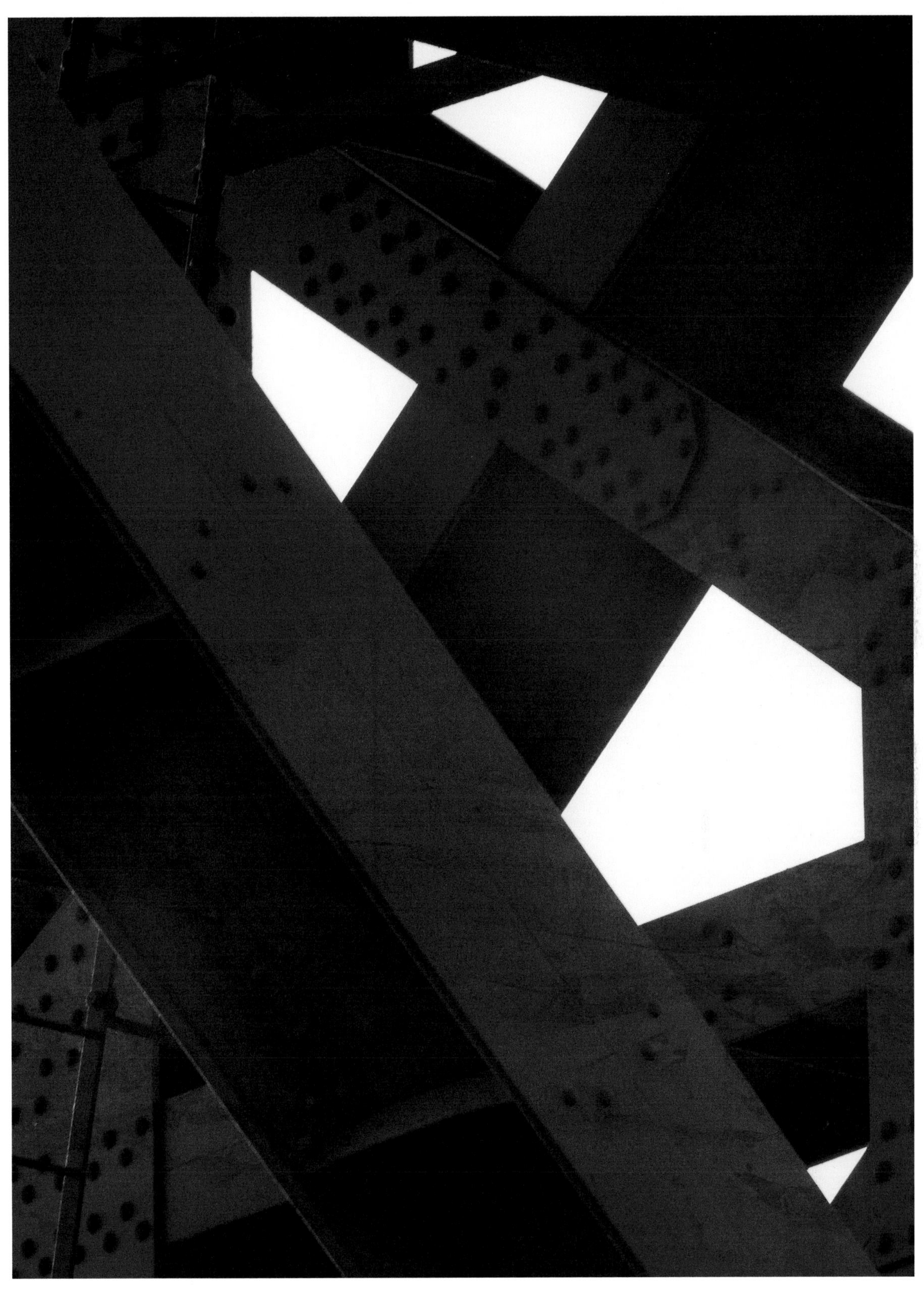

Hardinge Bridge,
Bangladesch / Bangladesh

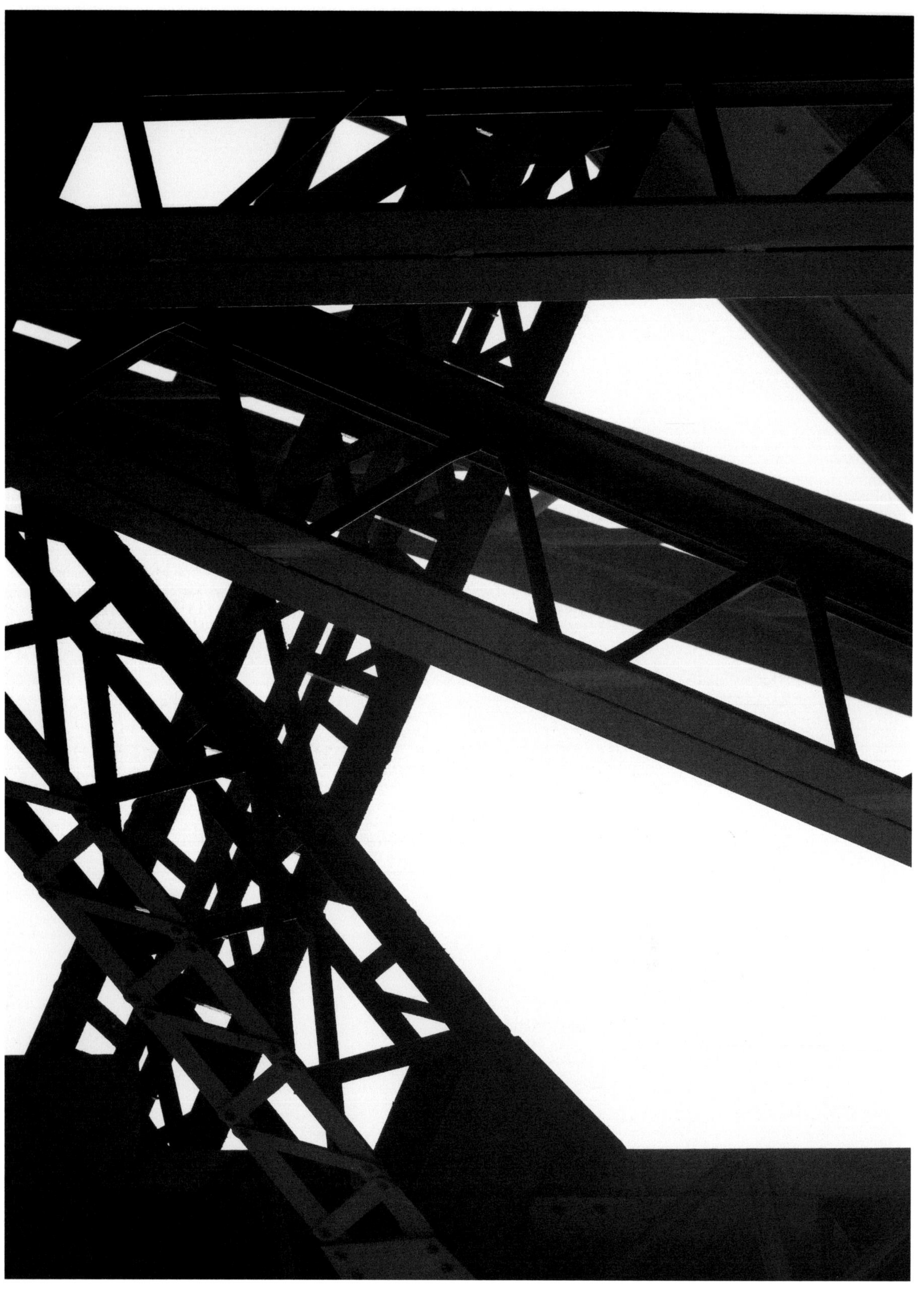

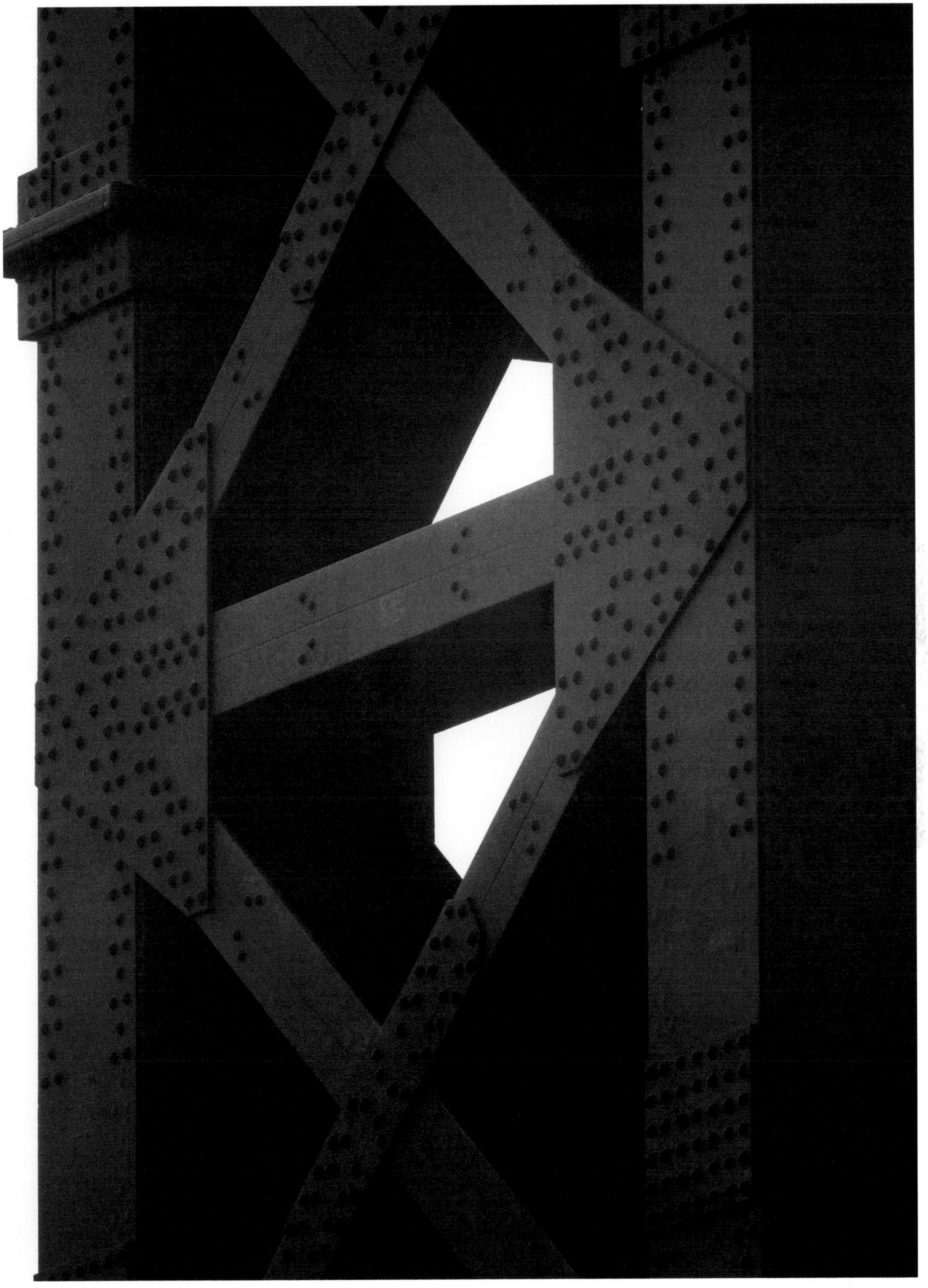

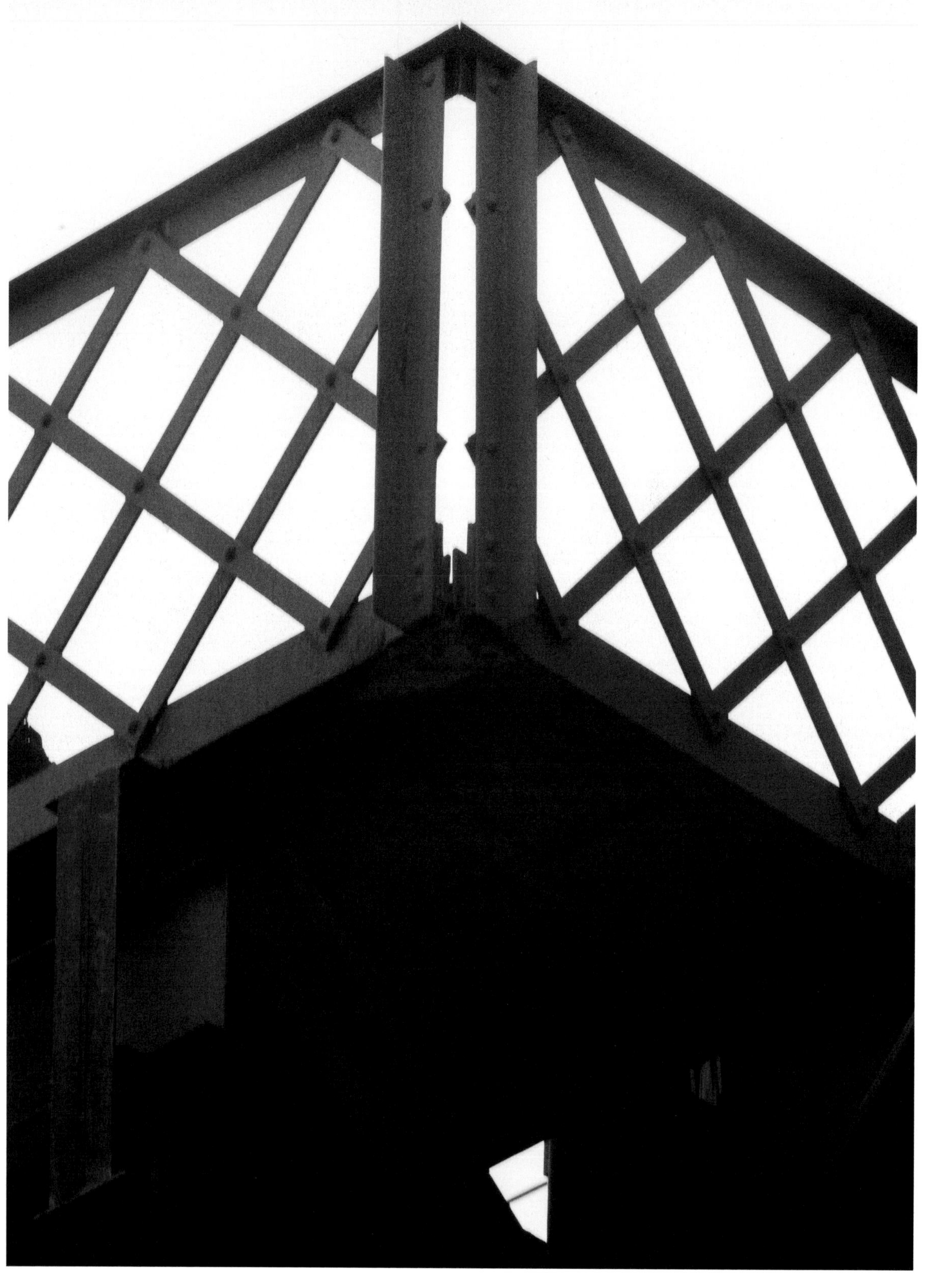

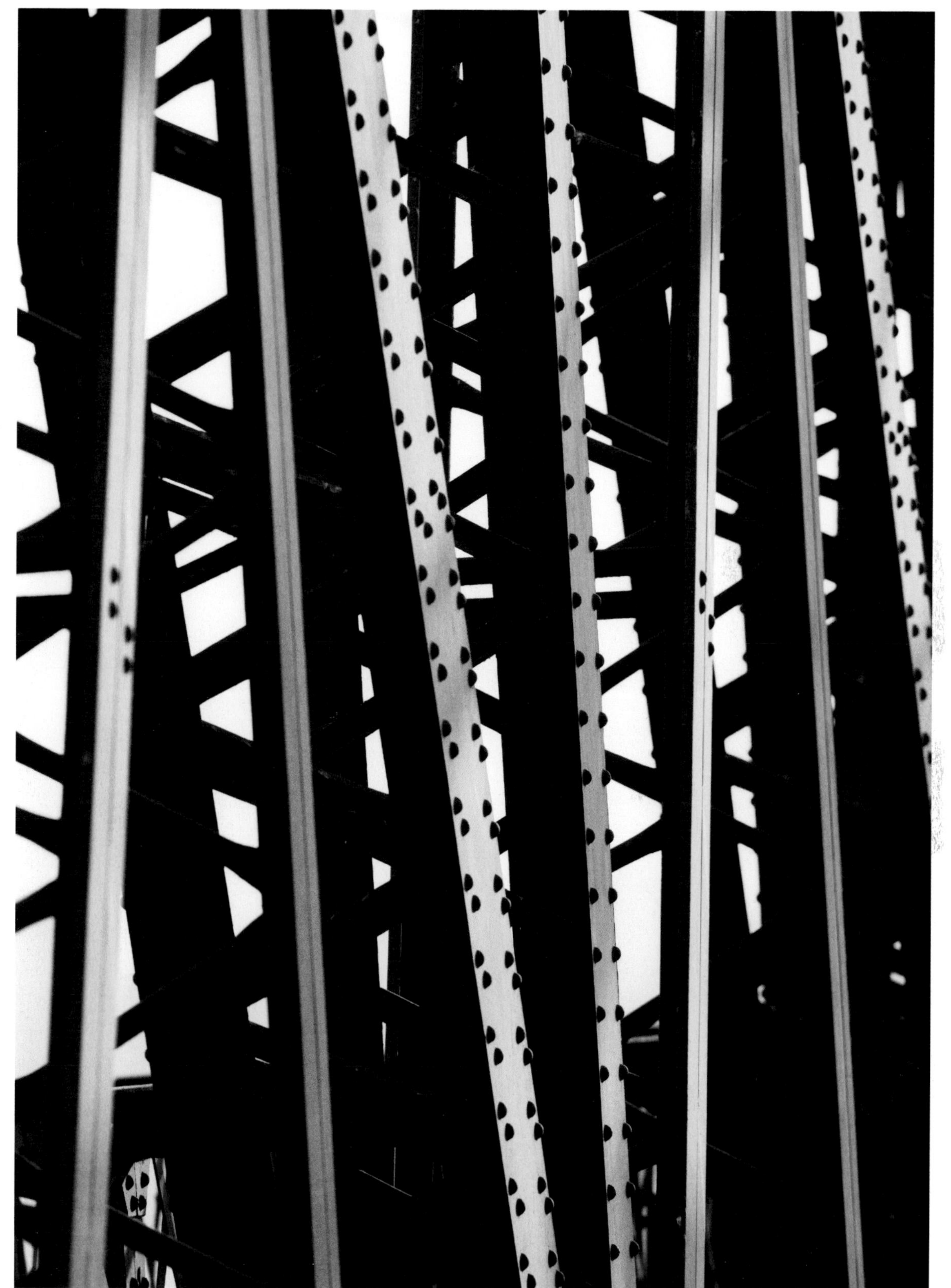

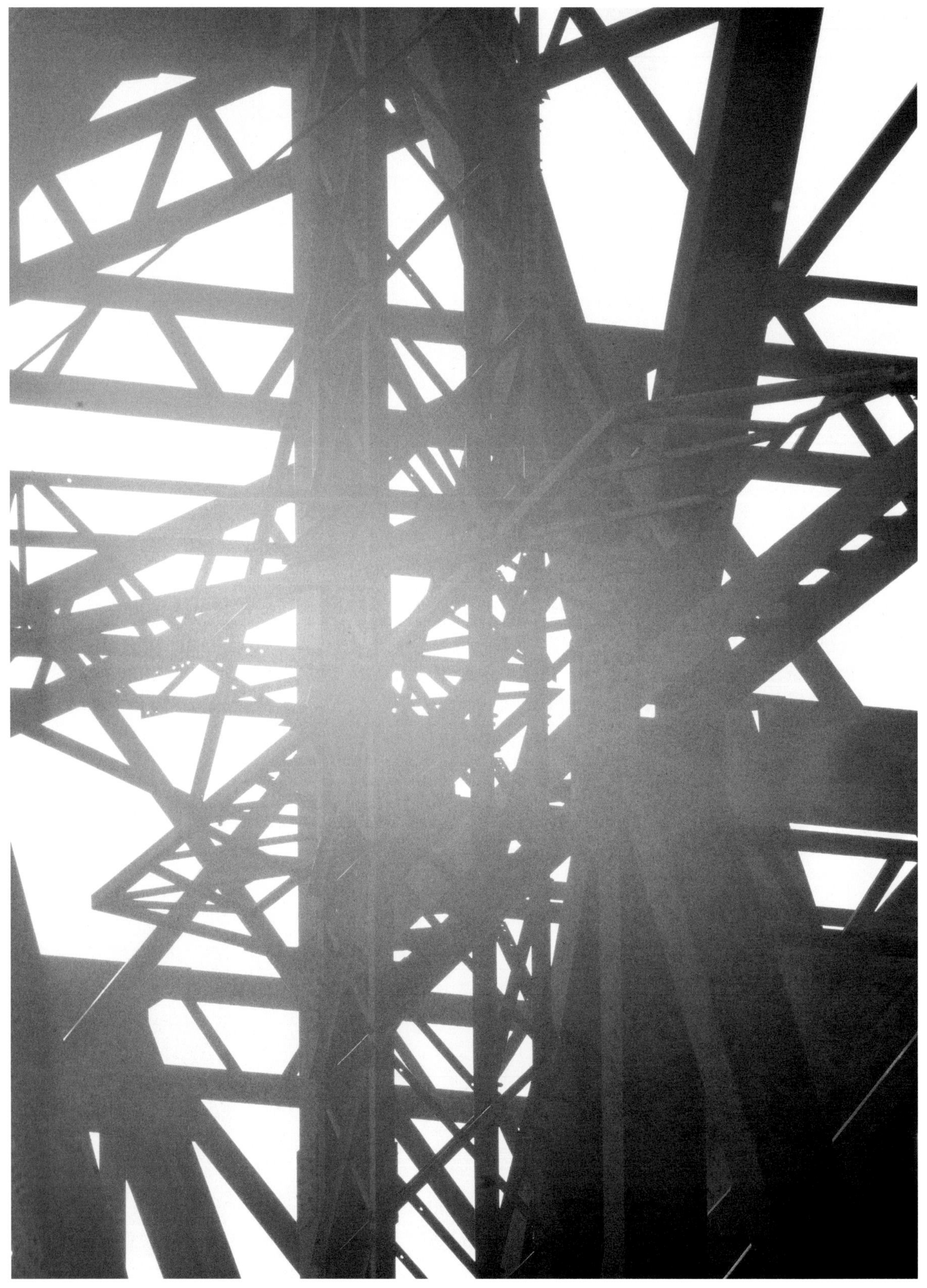

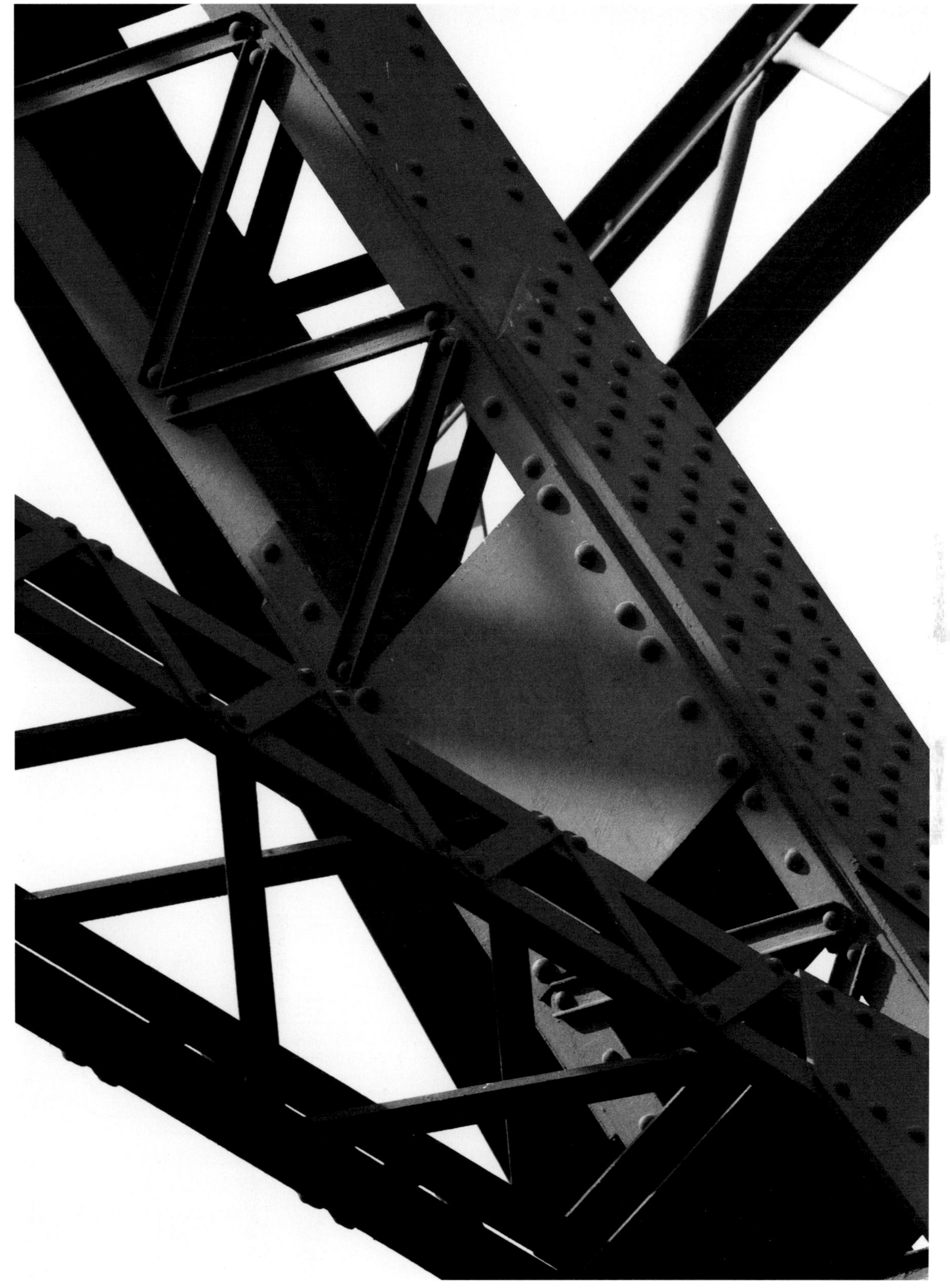

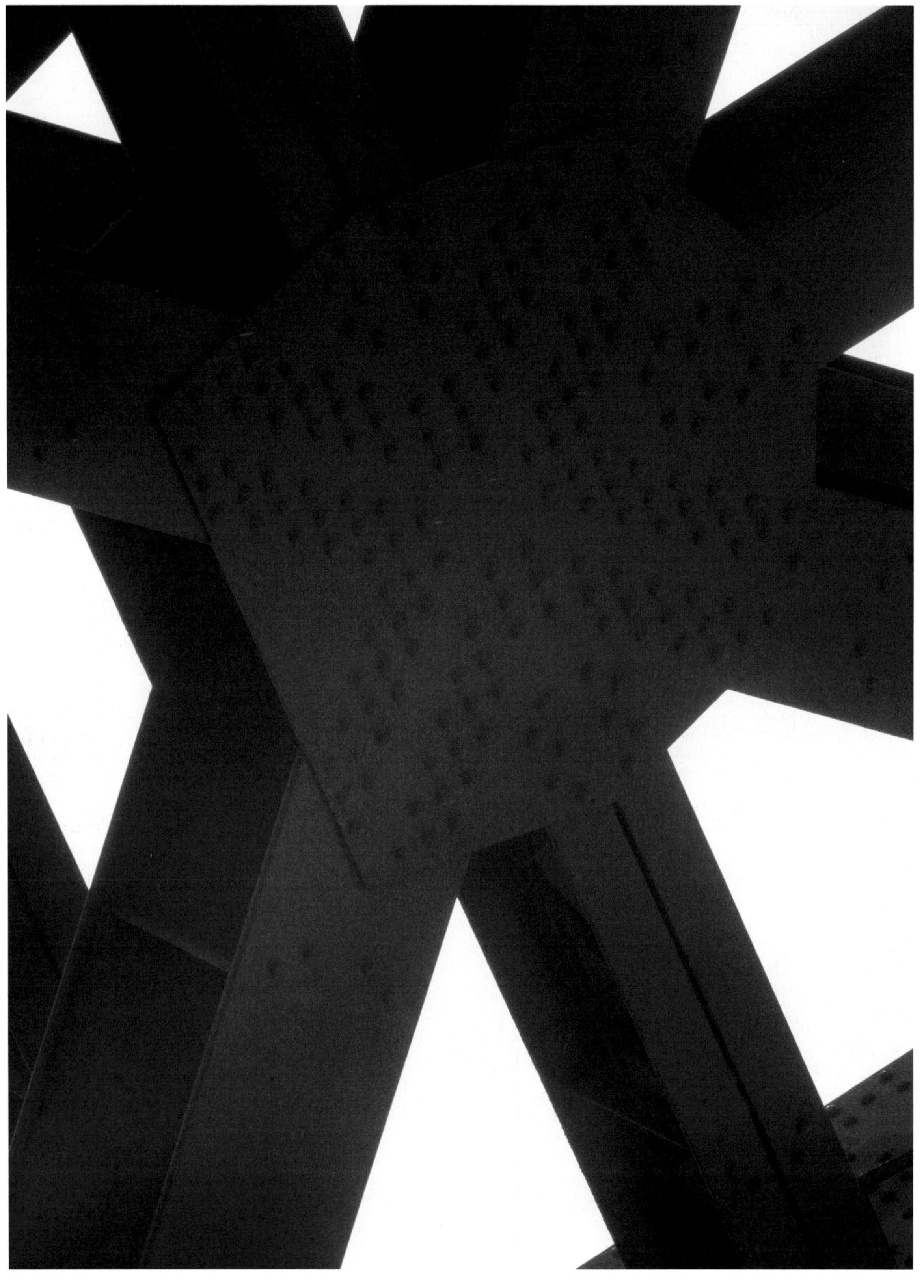

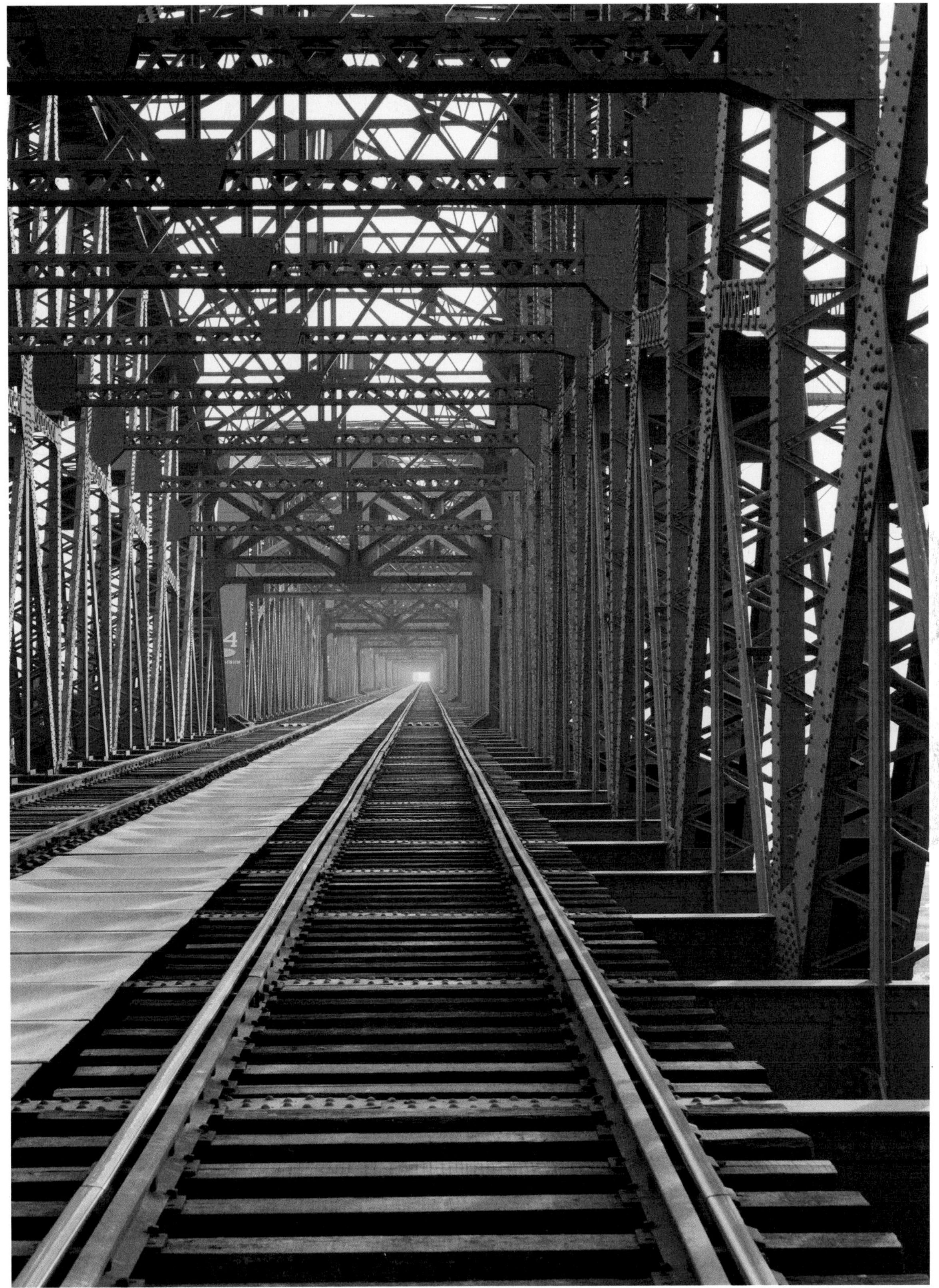

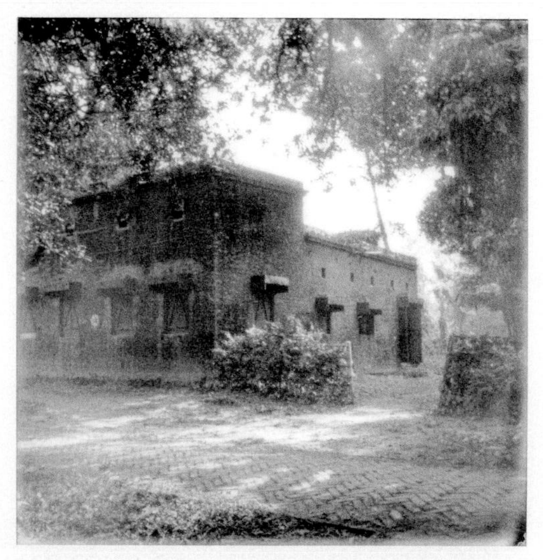

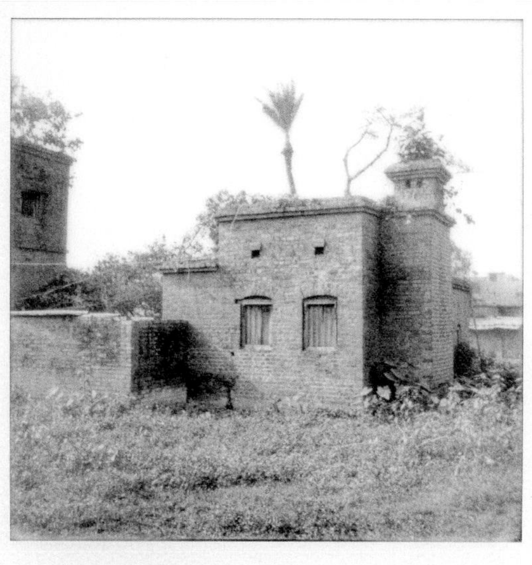

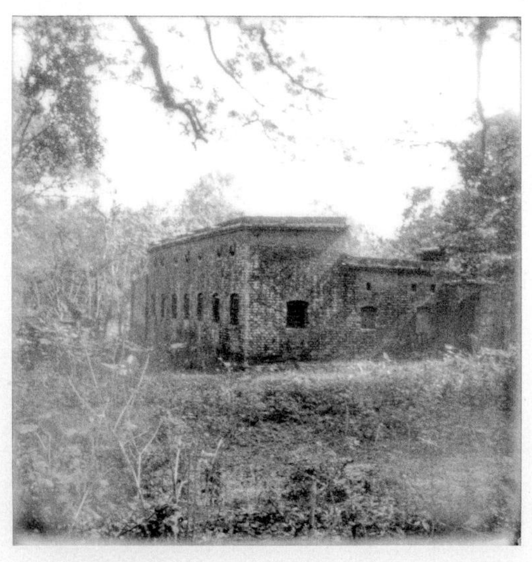

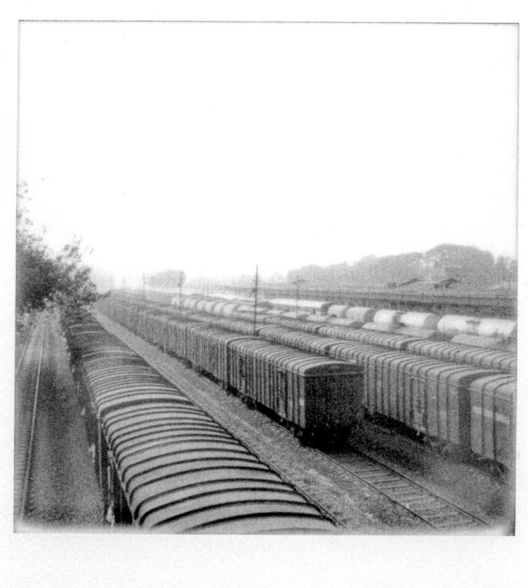

Pakshi Rail Colony, 2021
Ishwardi, Bangladesch / Bangladesh

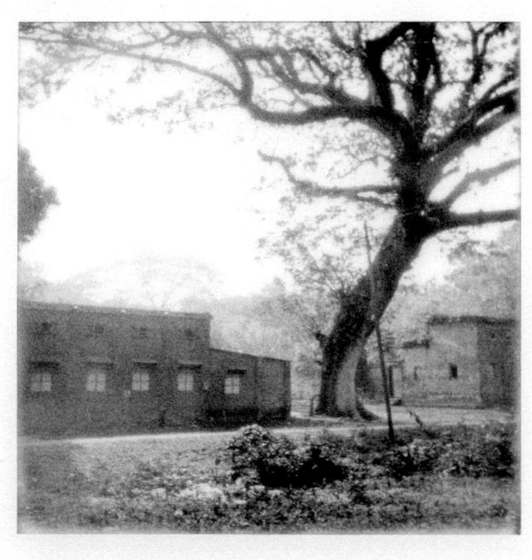

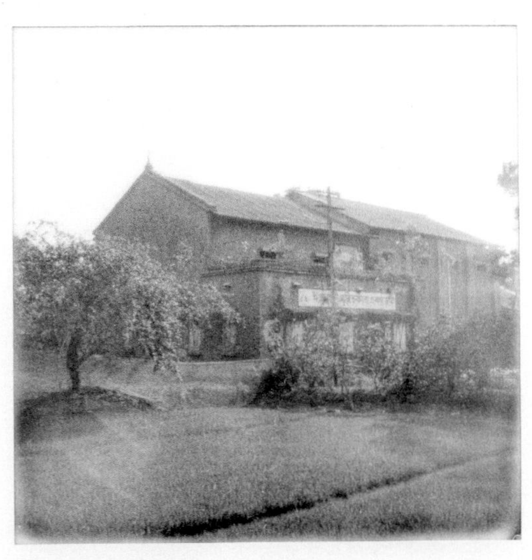

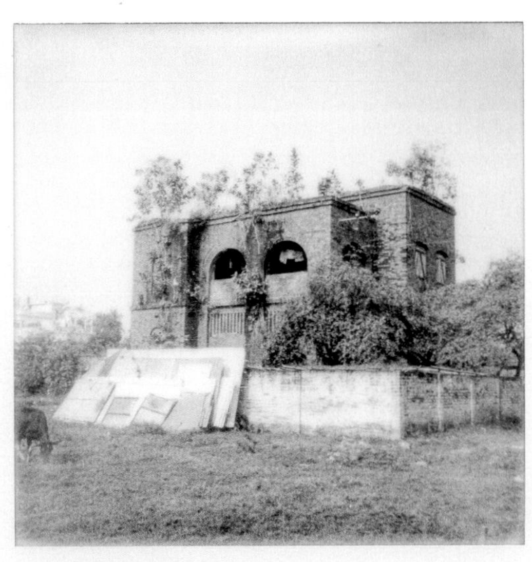

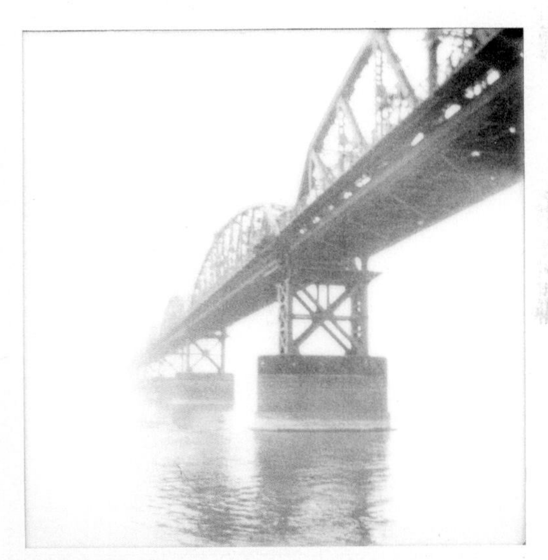

Parbatipur Railyard,
Bangladesch / Bangladesh
aus der Serie / from the series *Crossing*,
2022–fortlaufend / ongoing

604

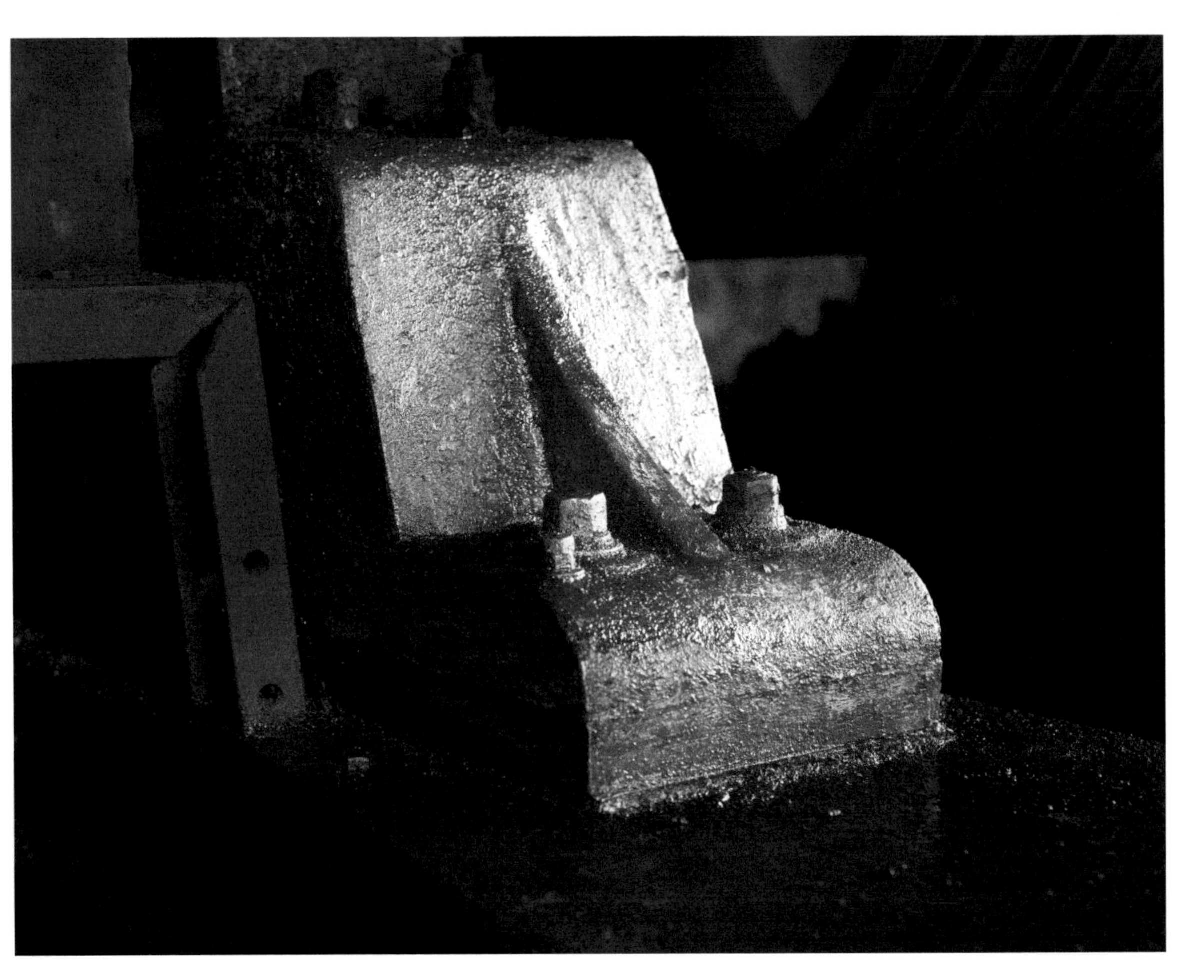

Eastern Coalfields Limited
Indien / India

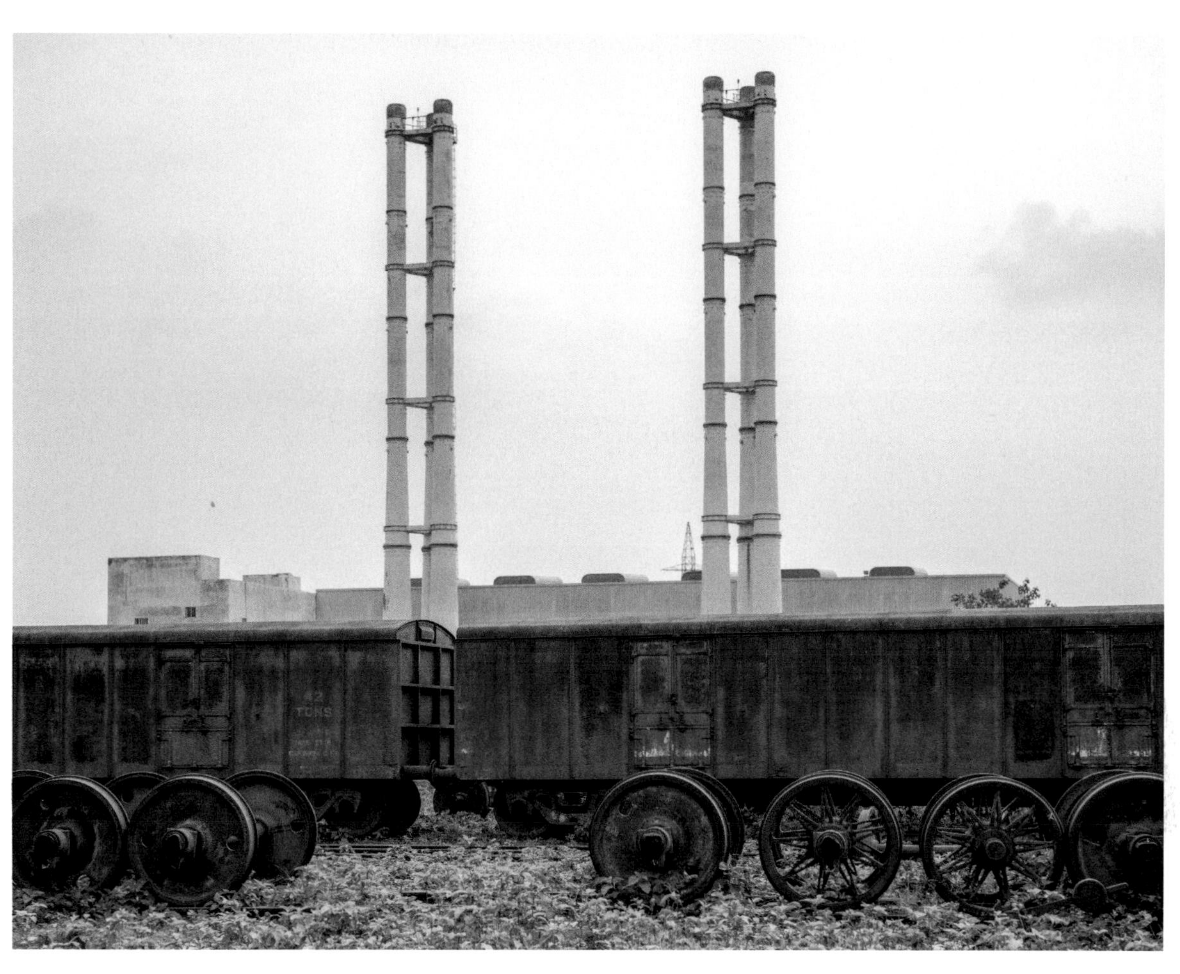

Santahar Railway Junction,
Bangladesch / Bangladesh
aus der Serie / from the series Crossing,
2022–fortlaufend / ongoing

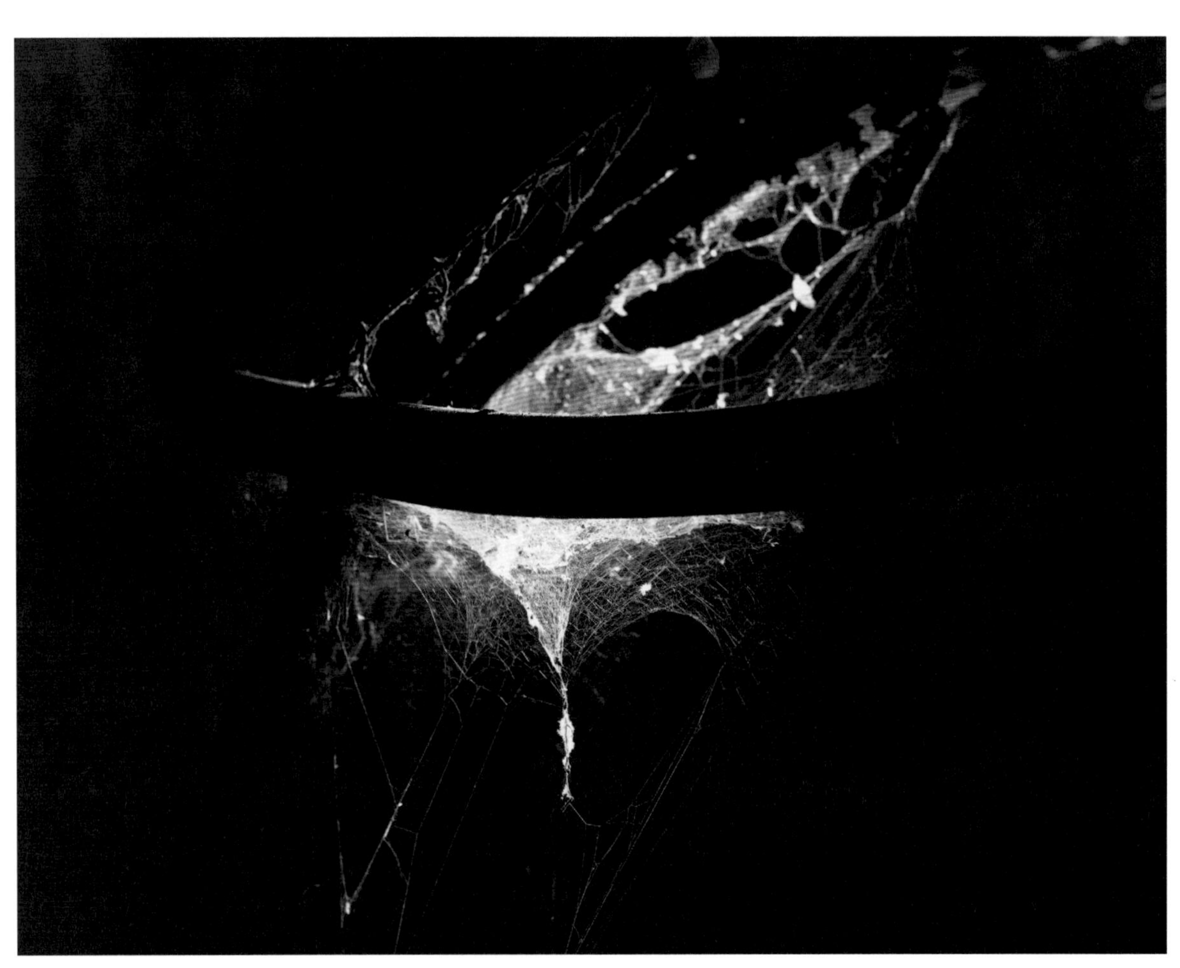

Eastern Coalfields Limited
Indien / India

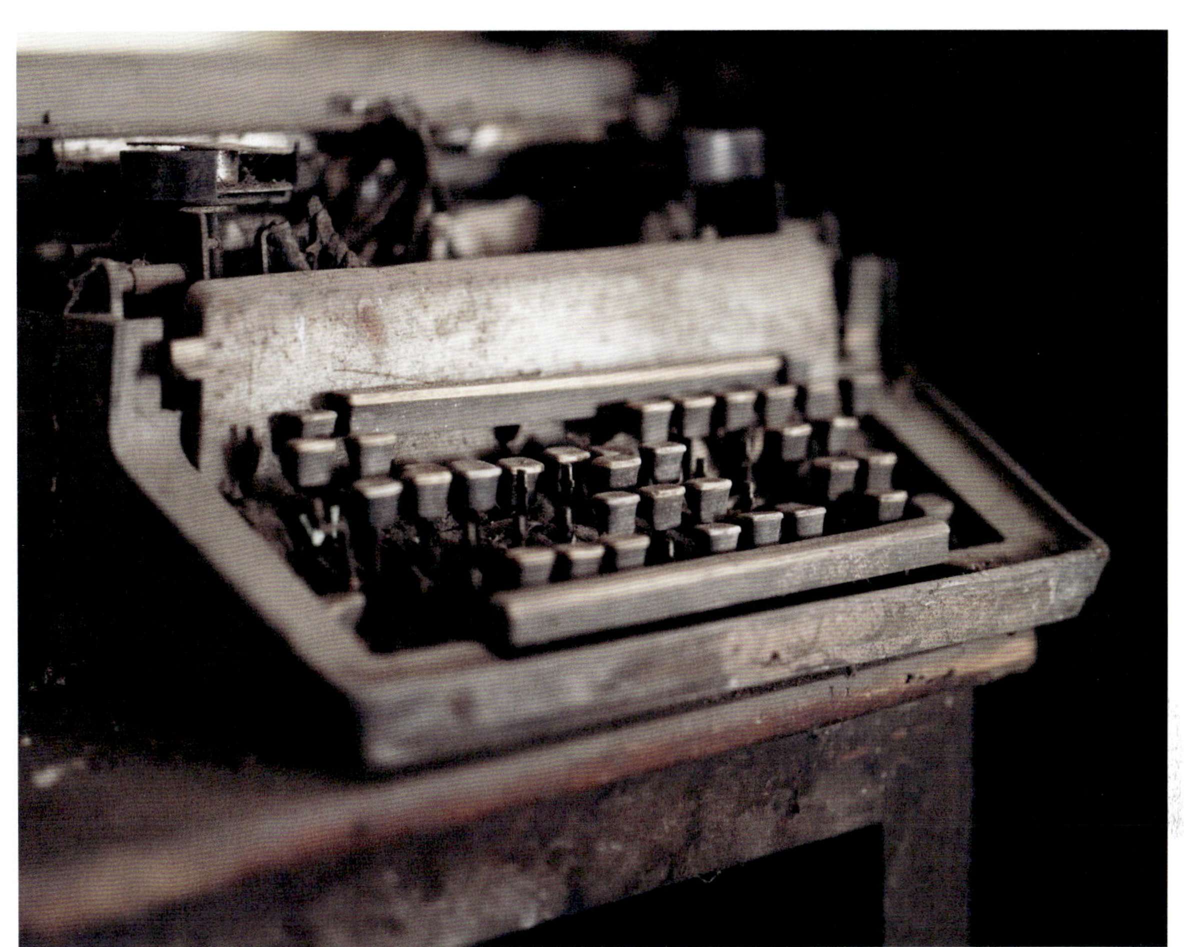

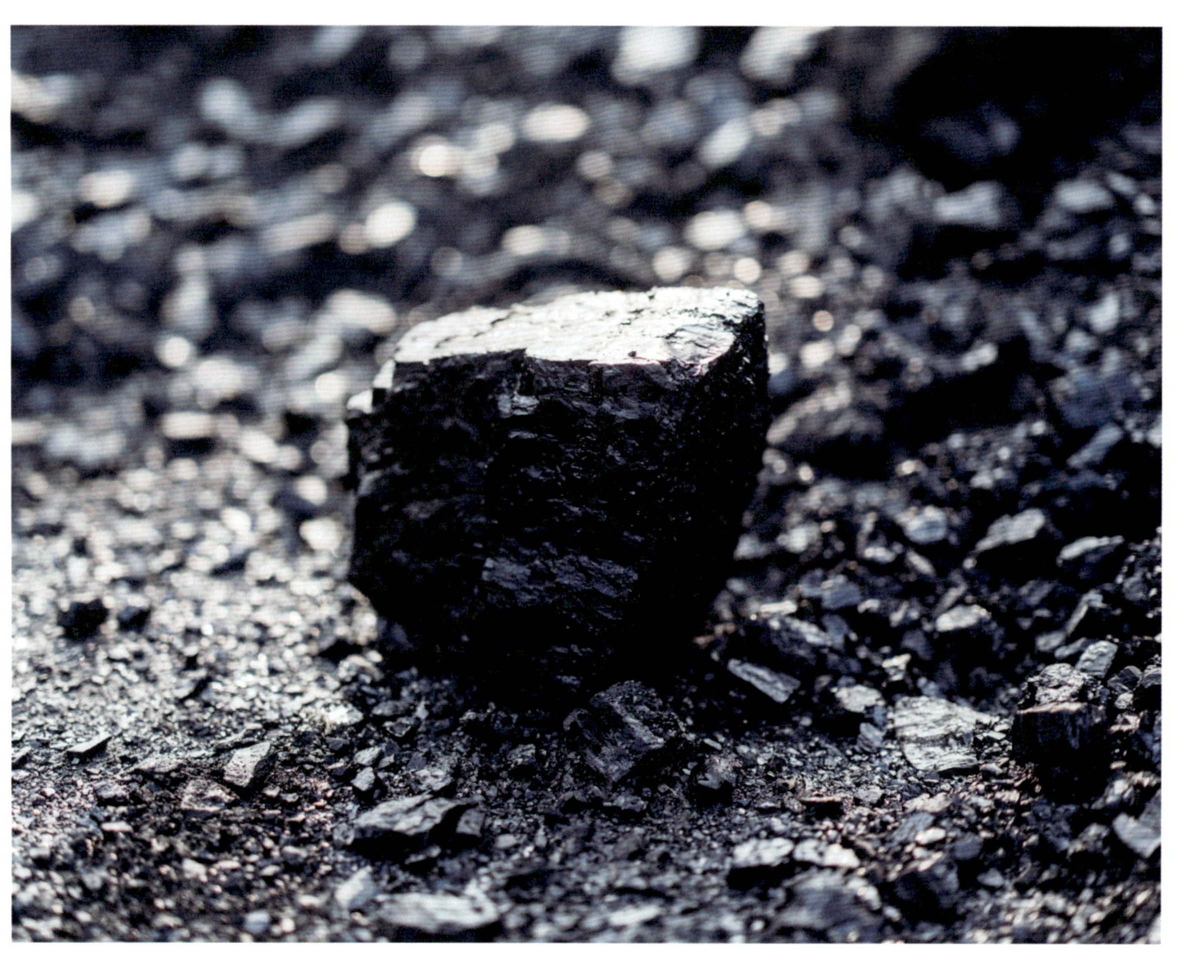

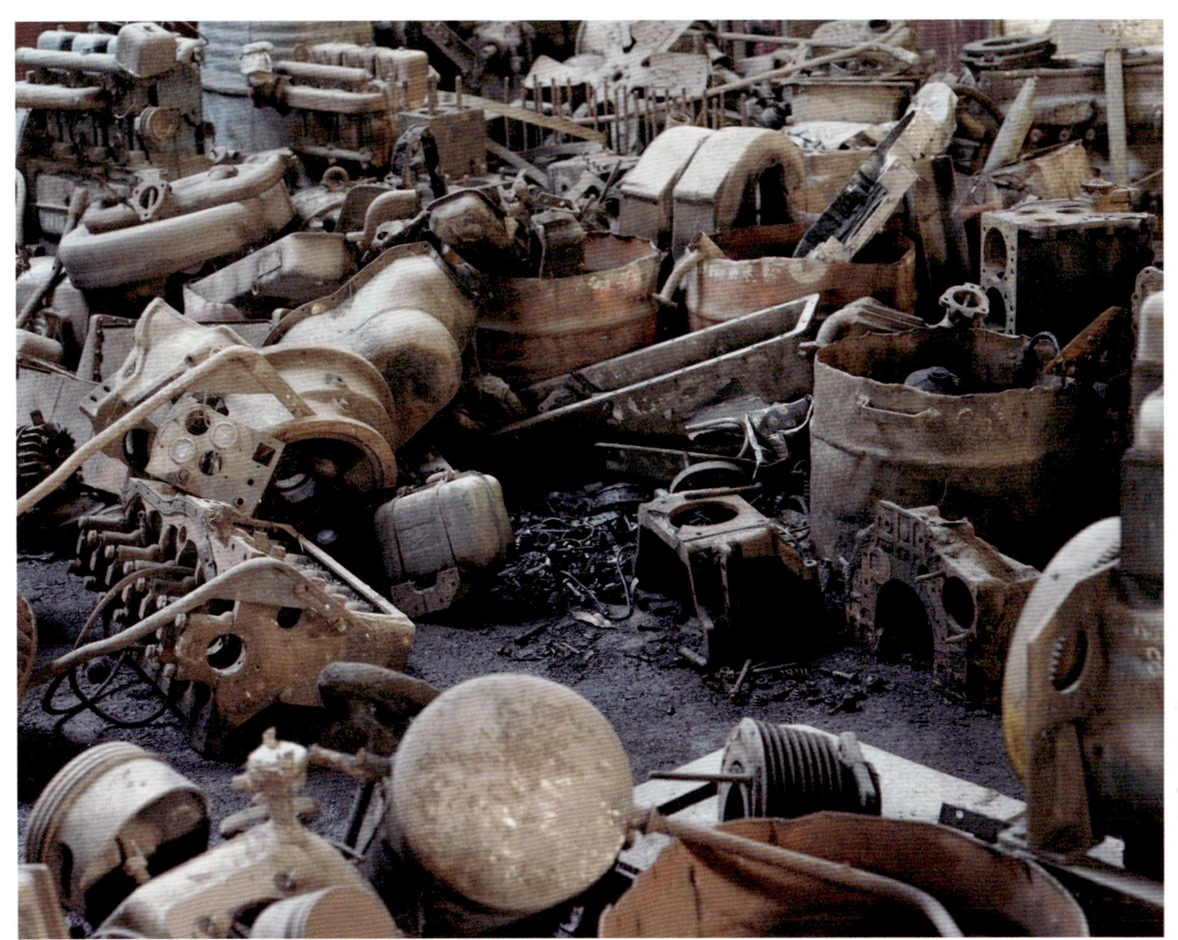

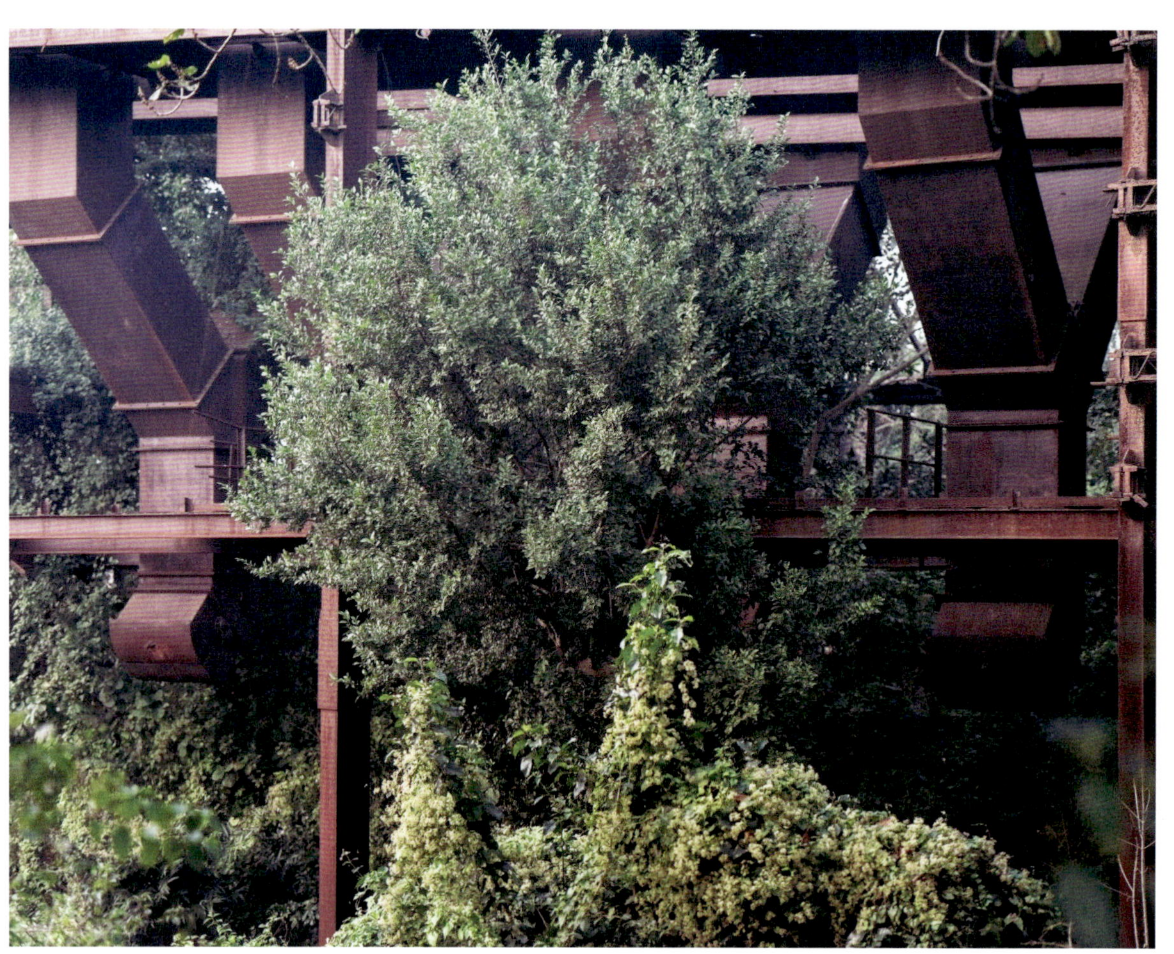

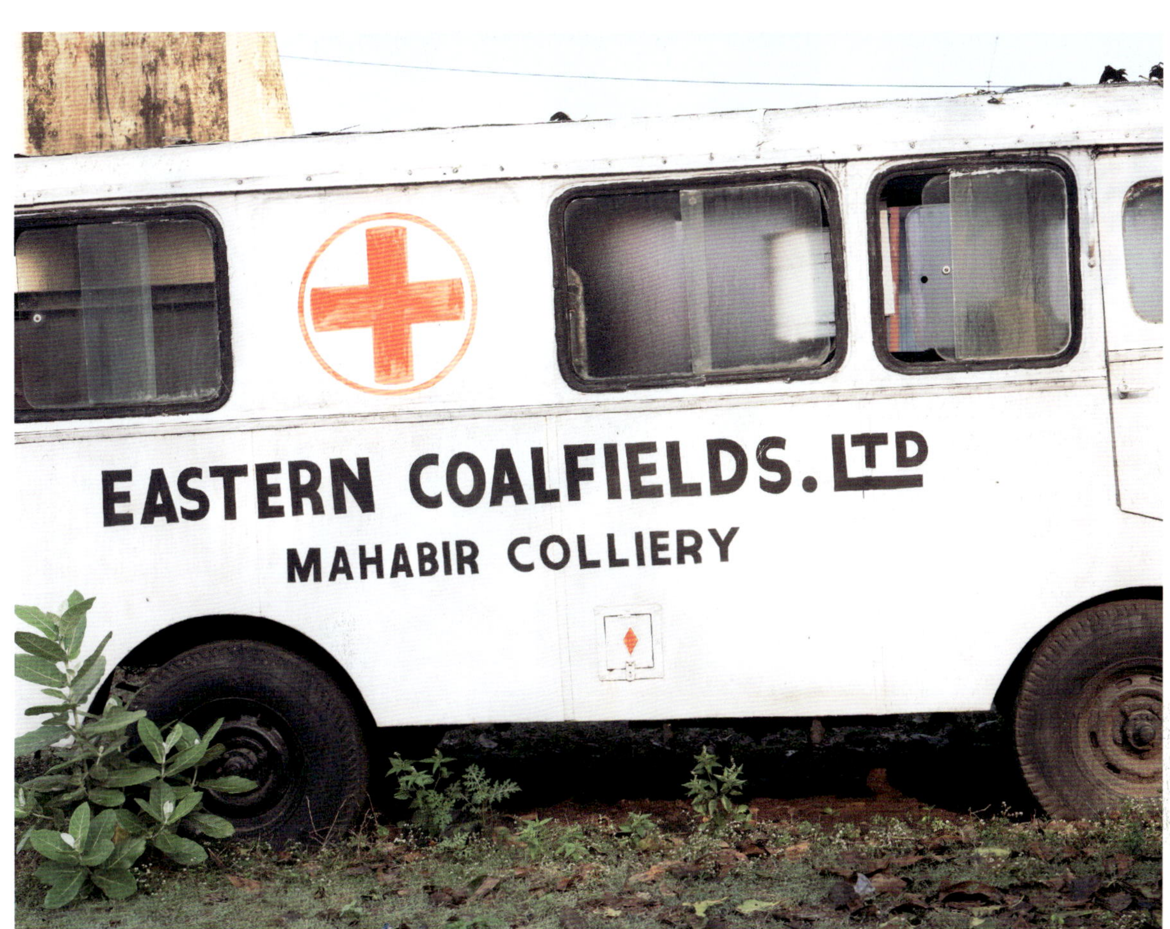
EASTERN COALFIELDS. LTD
MAHABIR COLLIERY

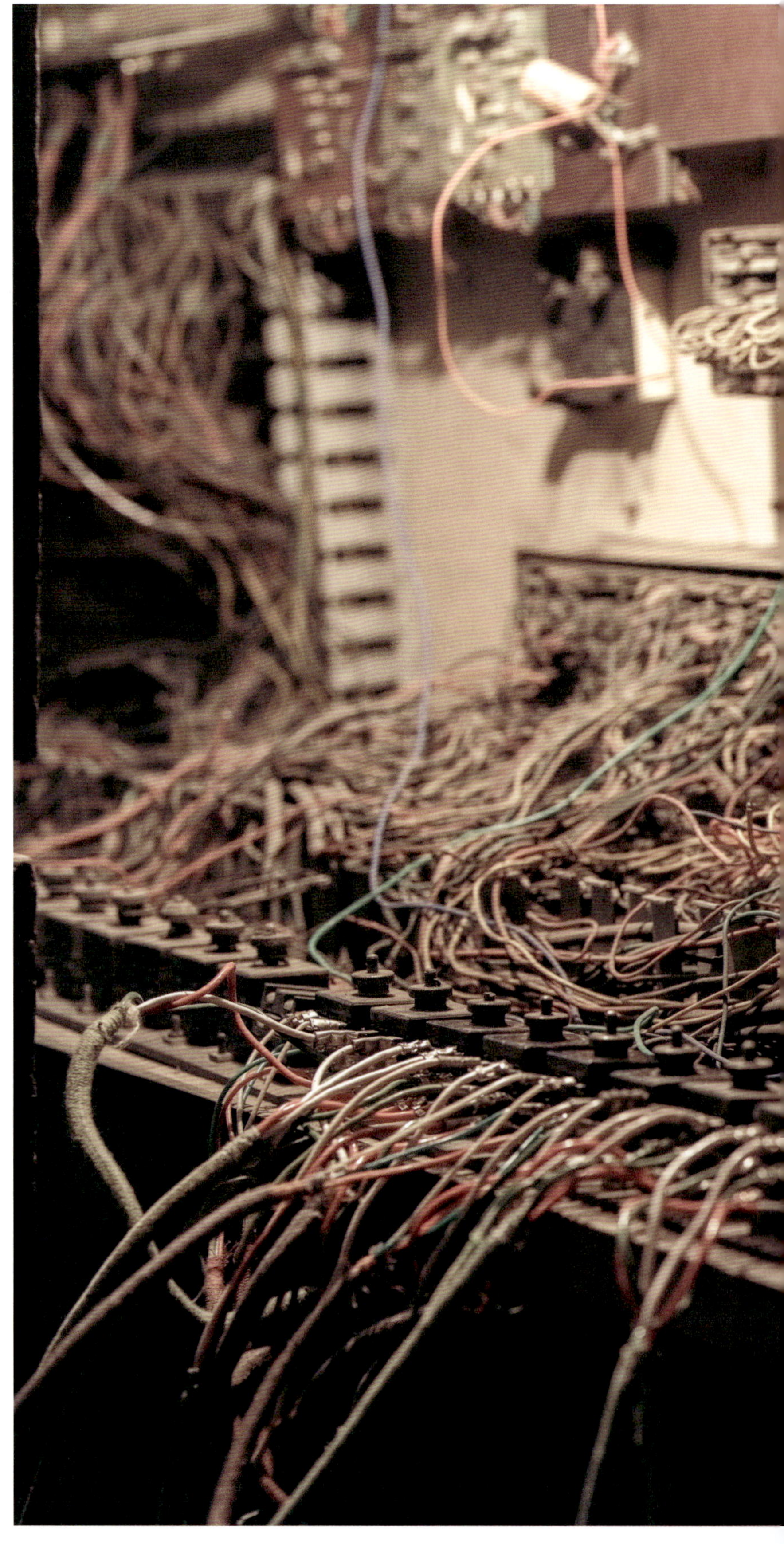

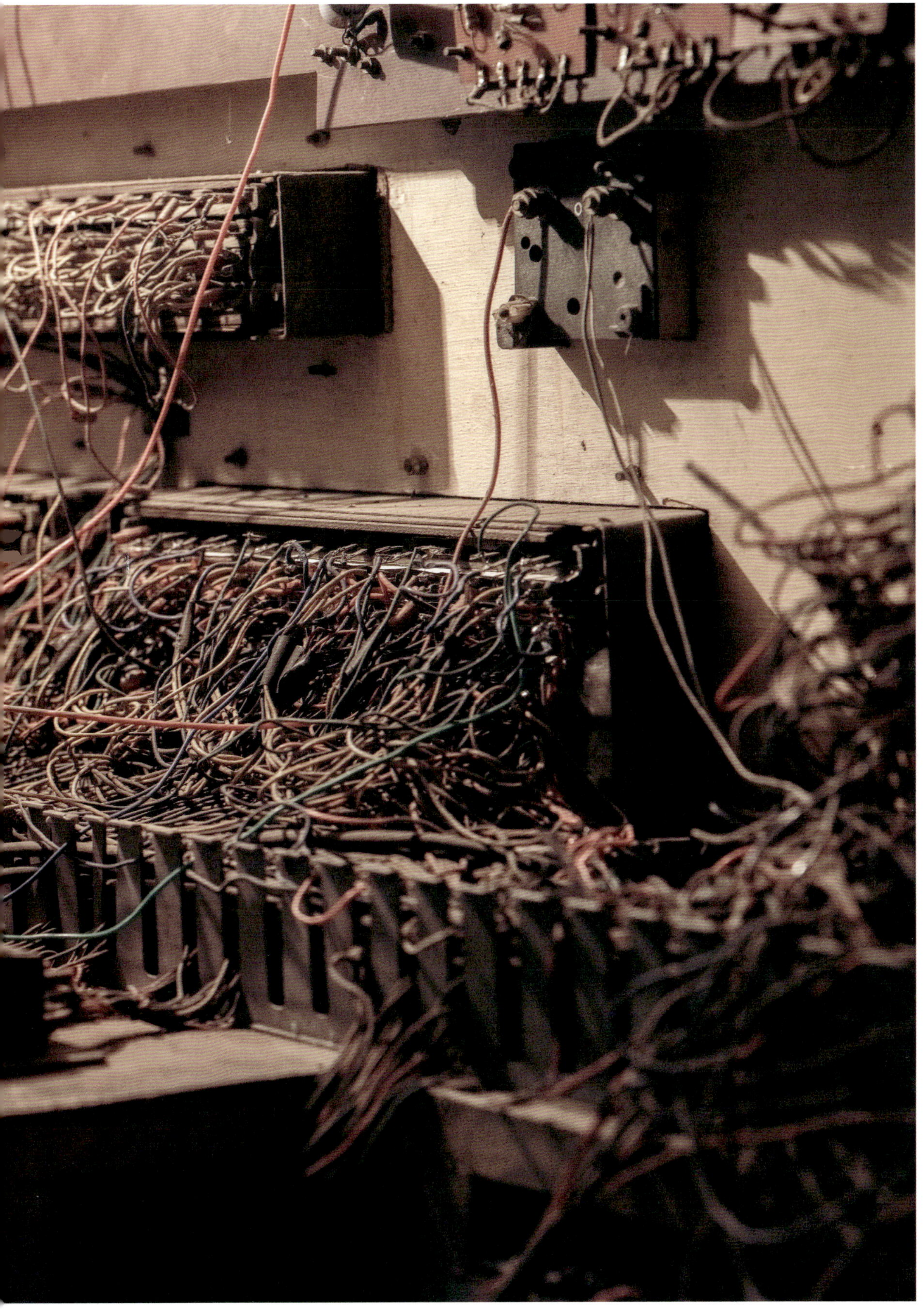

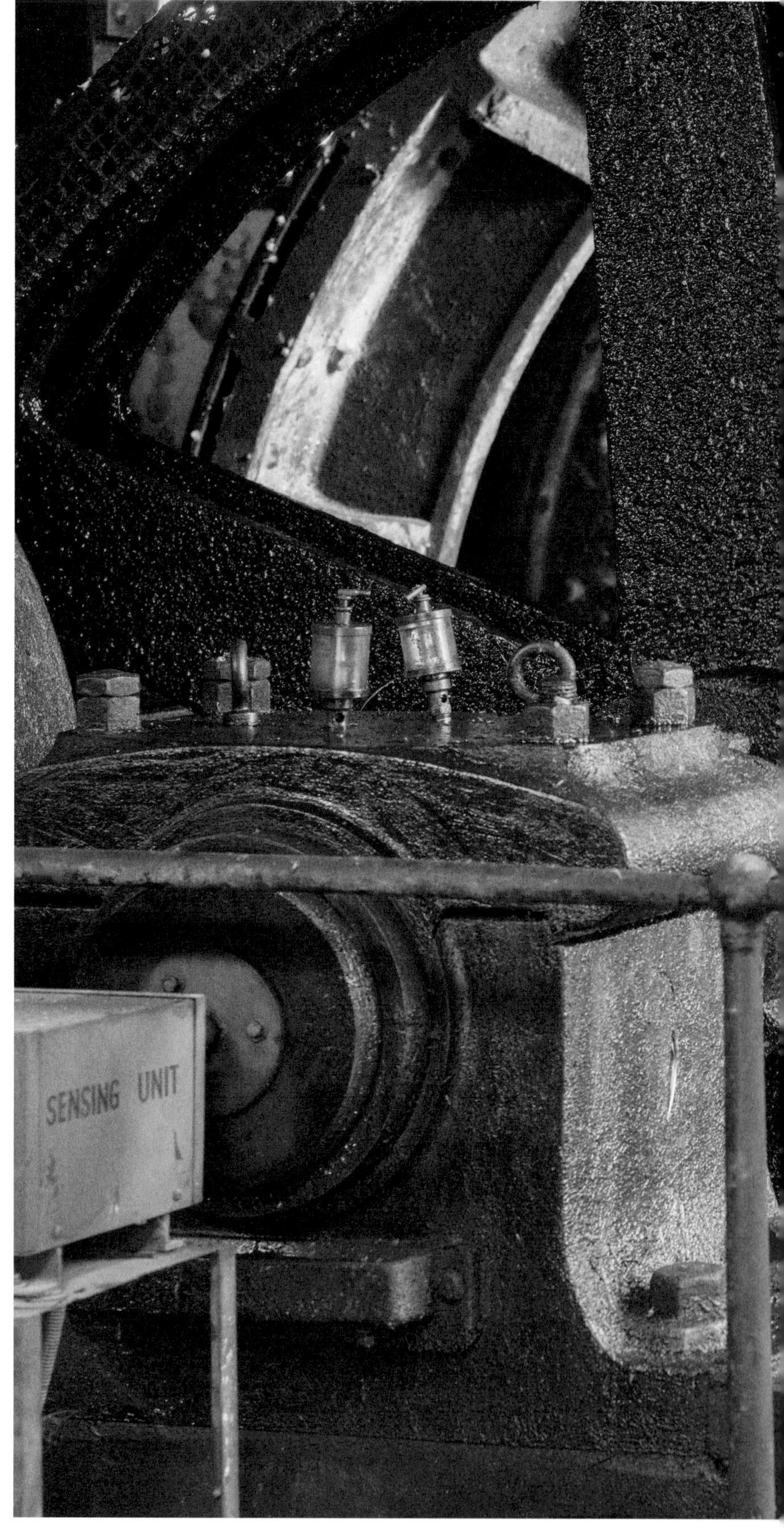
SENSING UNIT

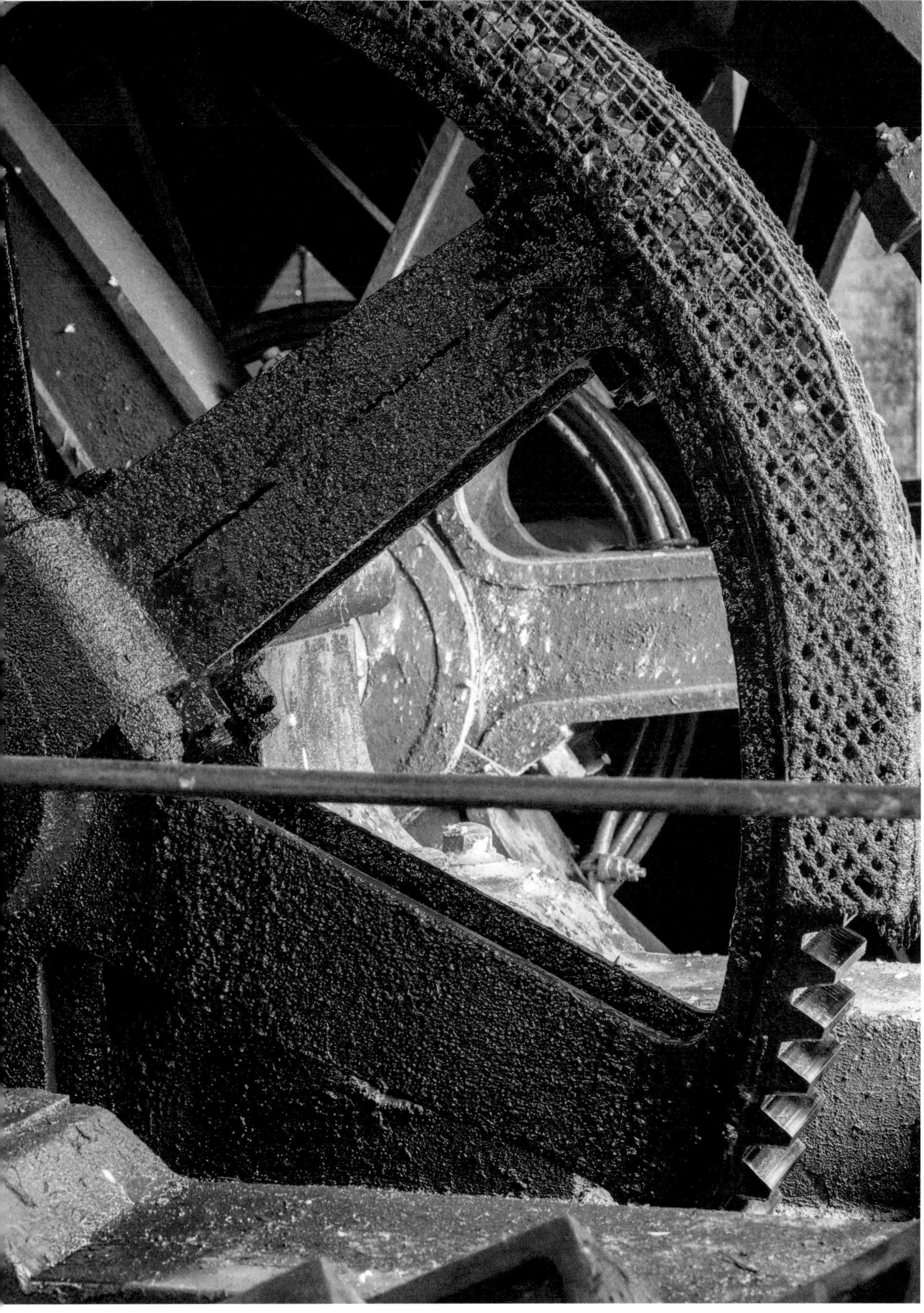

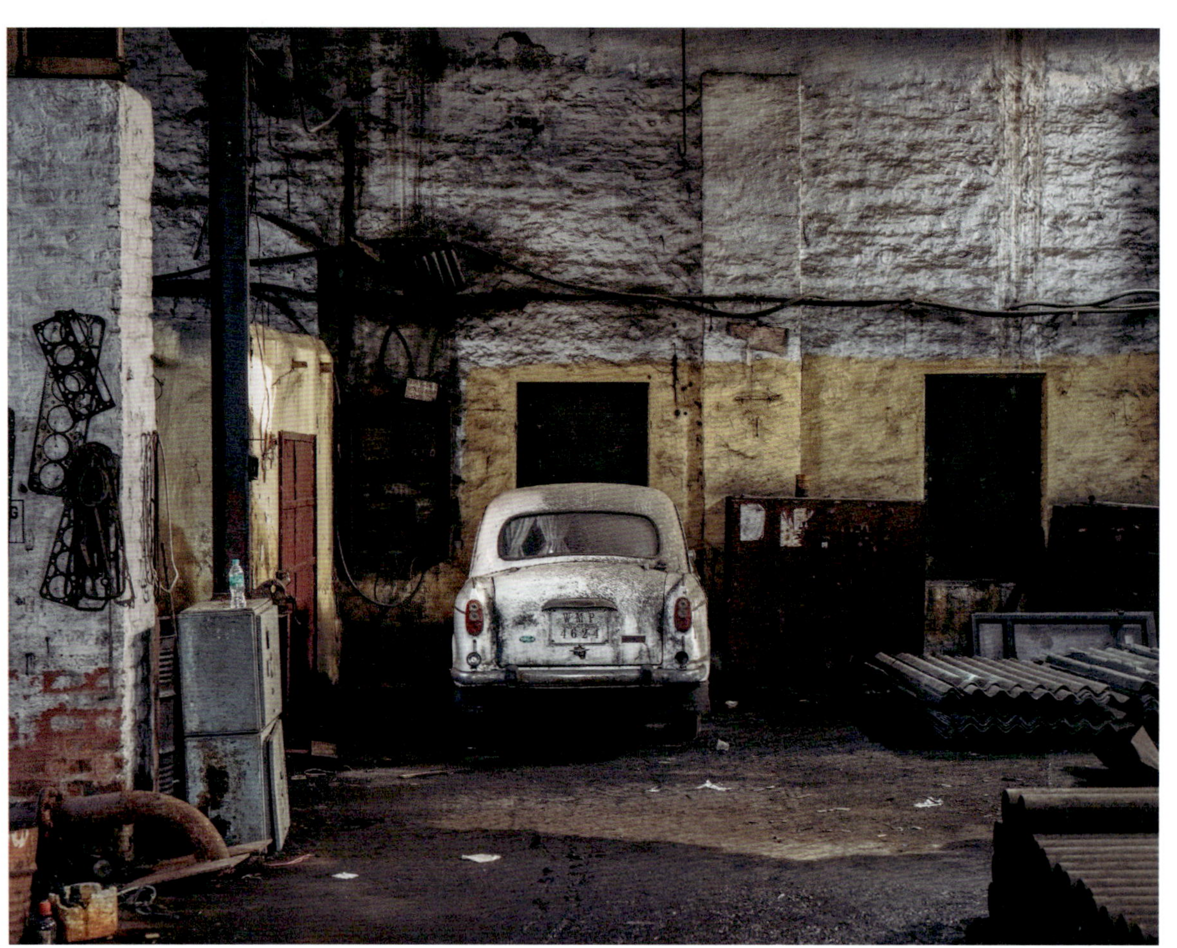
WMP

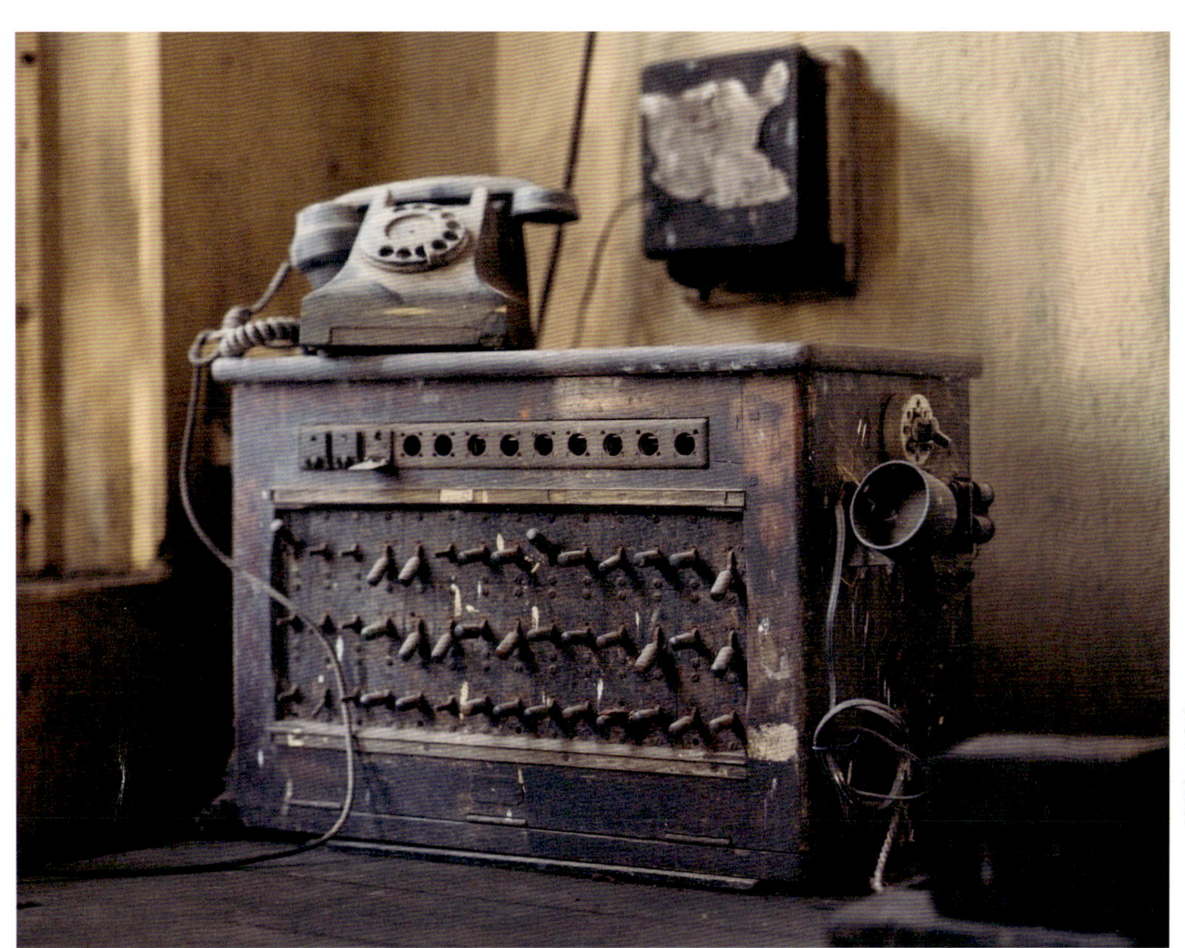

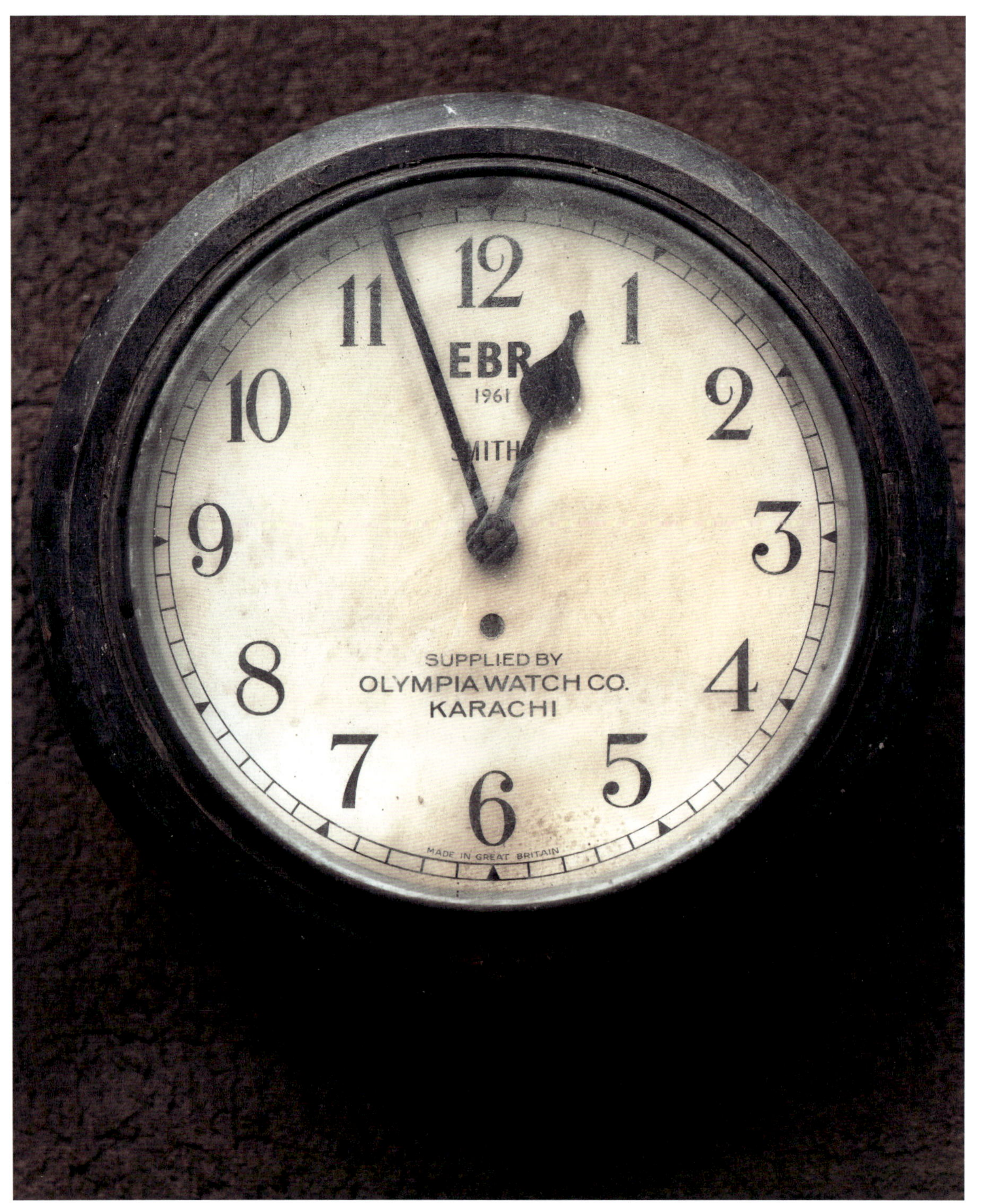

Ishwardi, Bangladesch / Bangladesh
aus der Serie / from the series *Crossing*,
2022–fortlaufend / ongoing

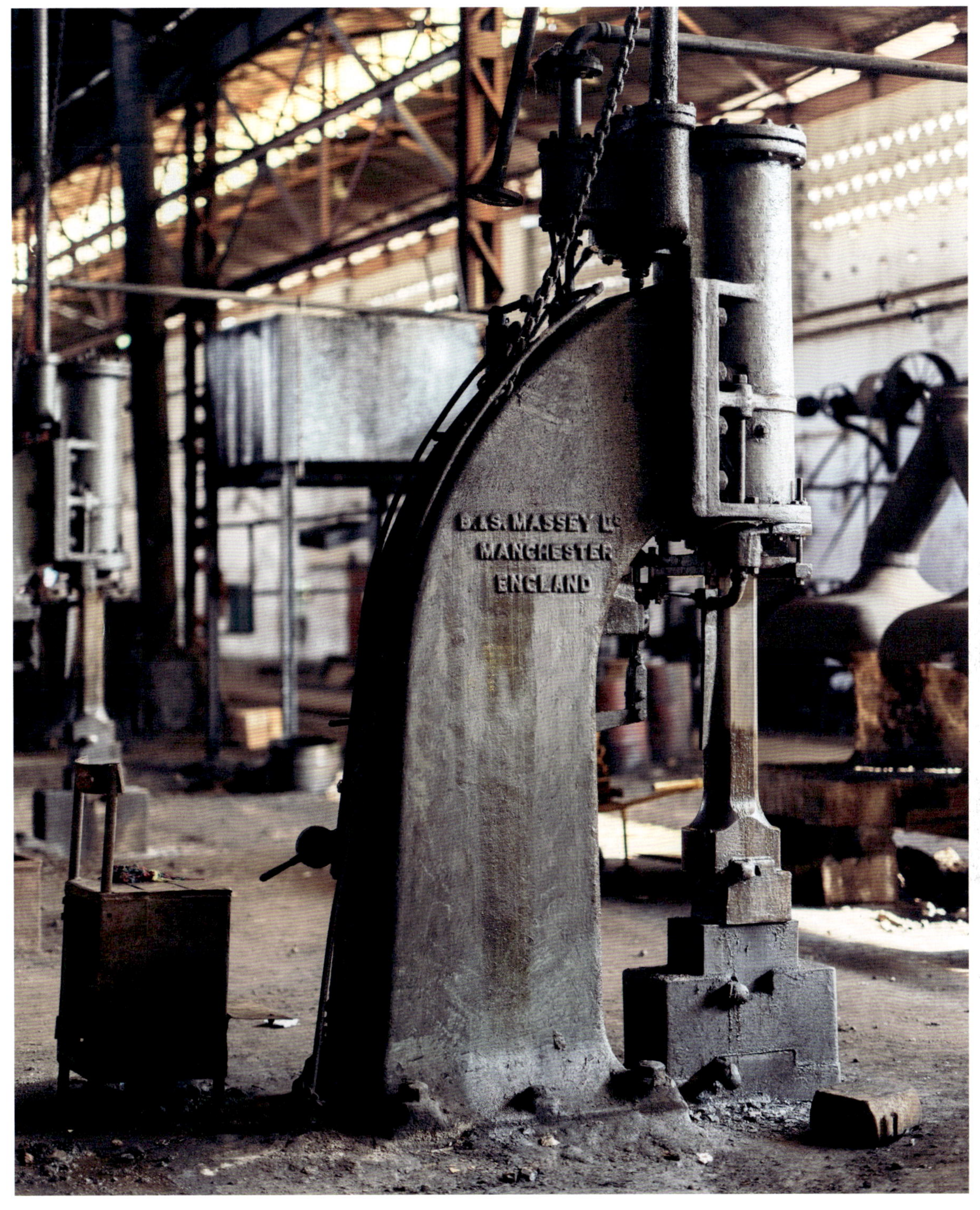

Saidpur Railway Workshop,
Bangladesch / Bangladesh
aus der Serie / from the series *Crossing*,
2022–fortlaufend / ongoing

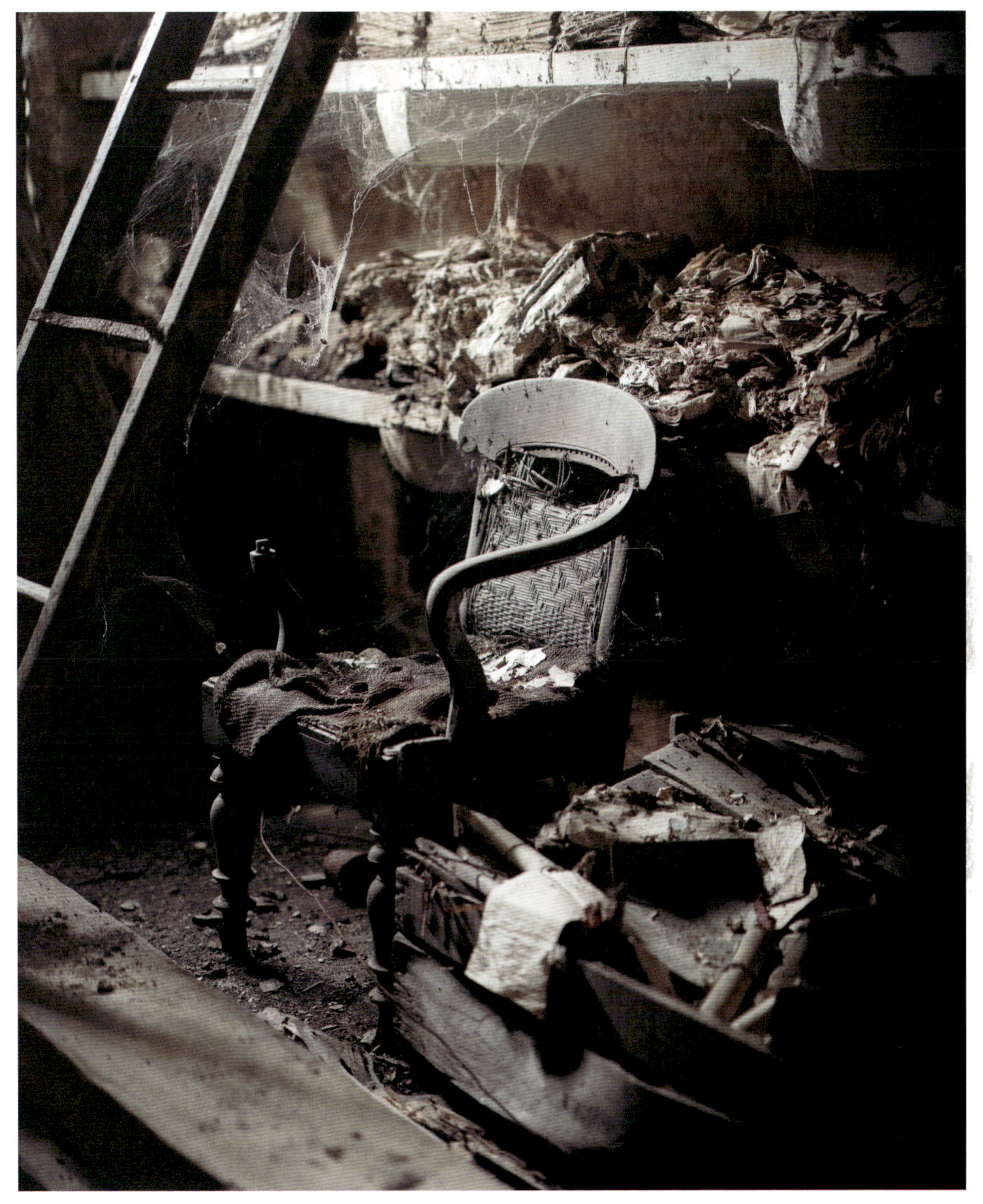

Santahar Railway Junction,
Bangladesch / Bangladesh
aus der Serie / from the series *Crossing*,
2022–fortlaufend / ongoing

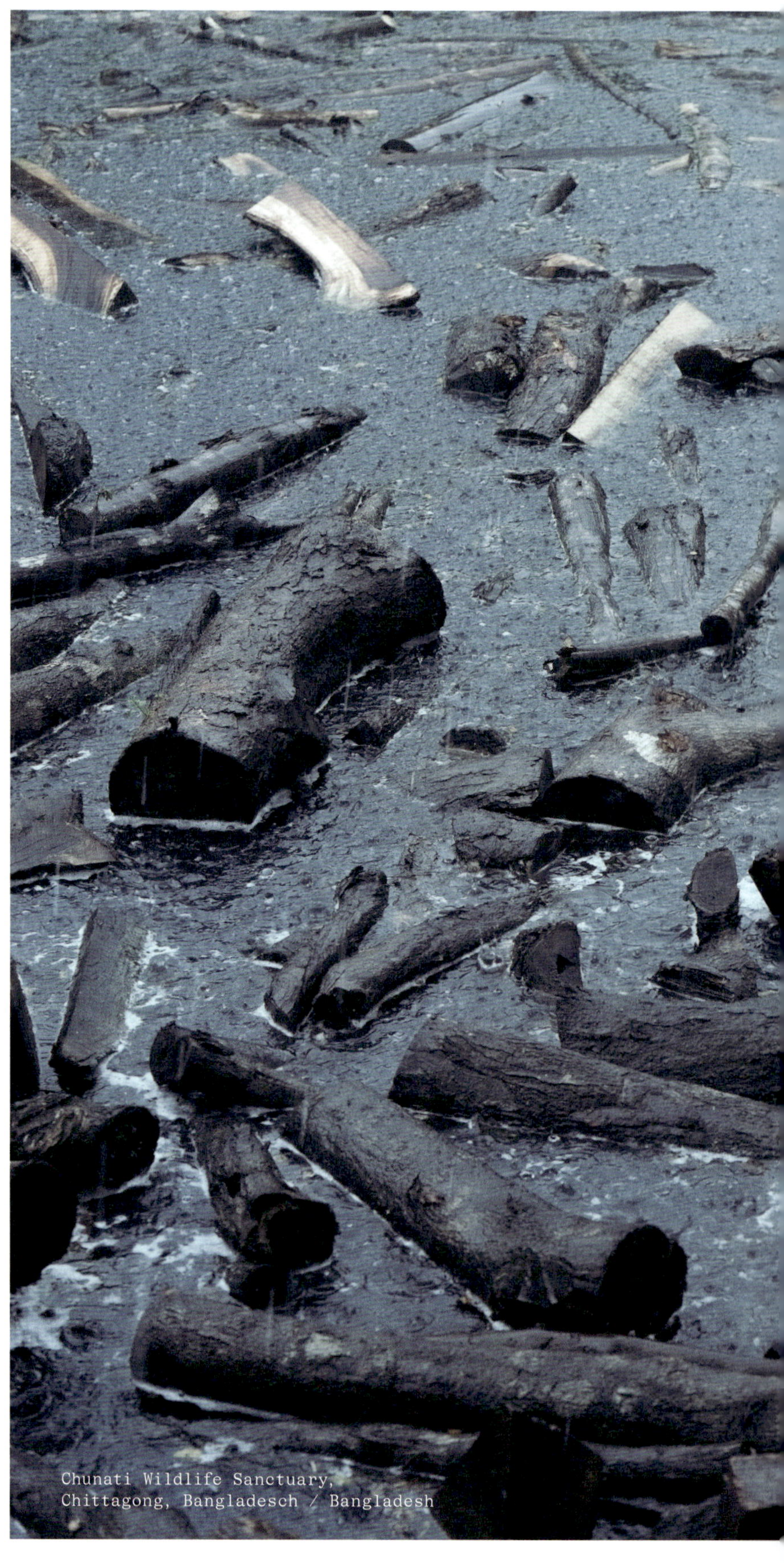
Chunati Wildlife Sanctuary,
Chittagong, Bangladesch / Bangladesh

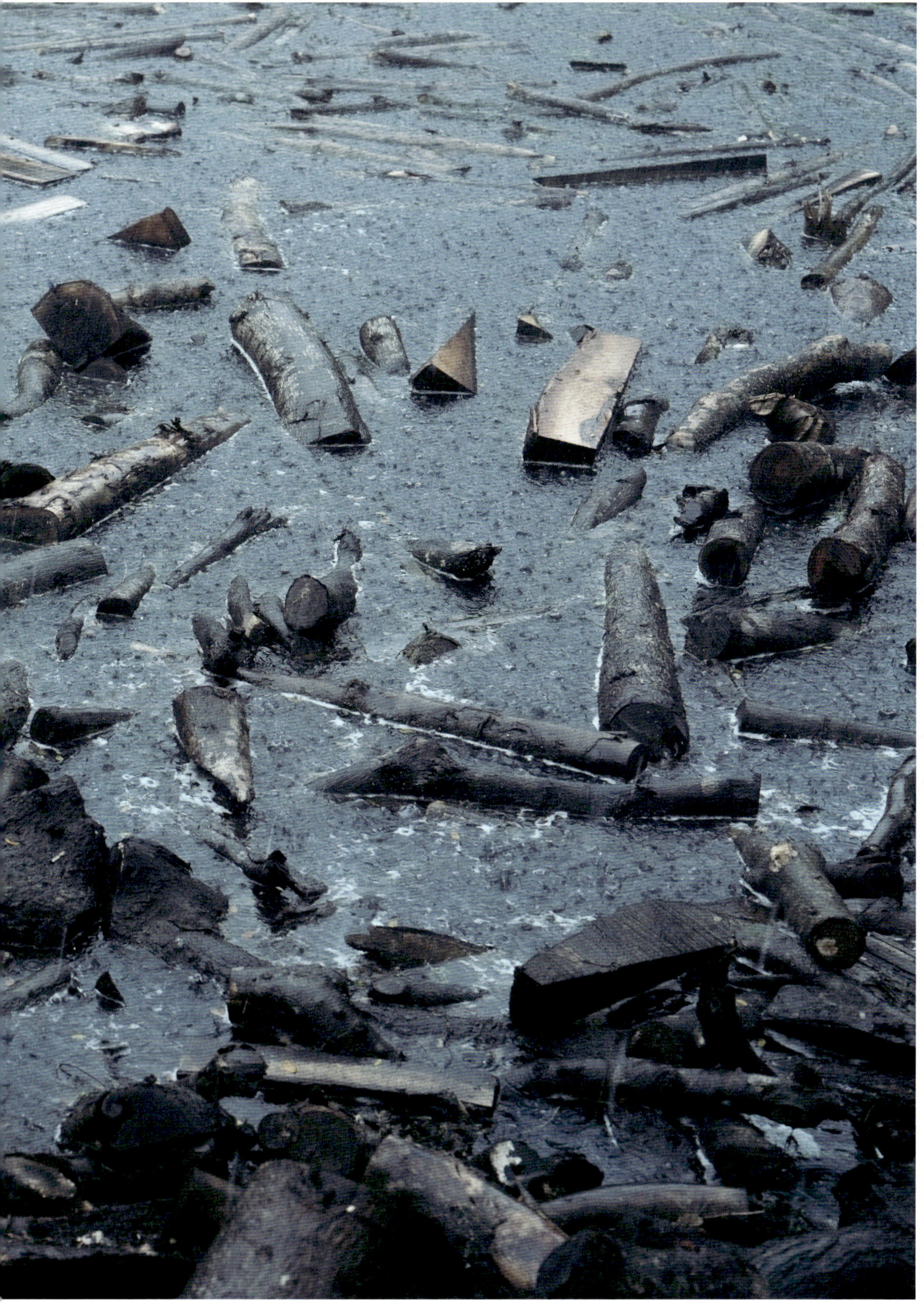

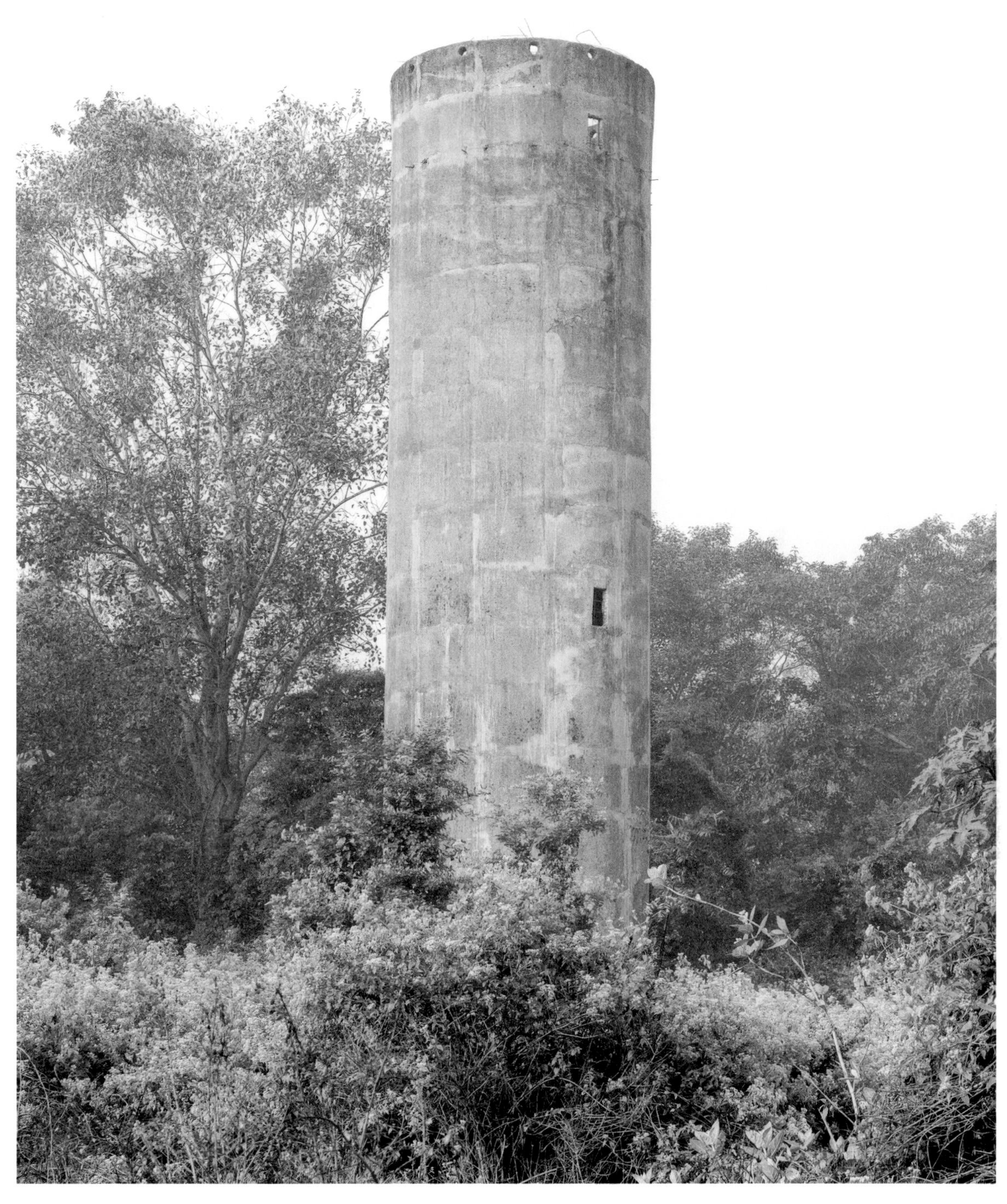

Blattwerk / Foliage,
Asansol, Indien / India

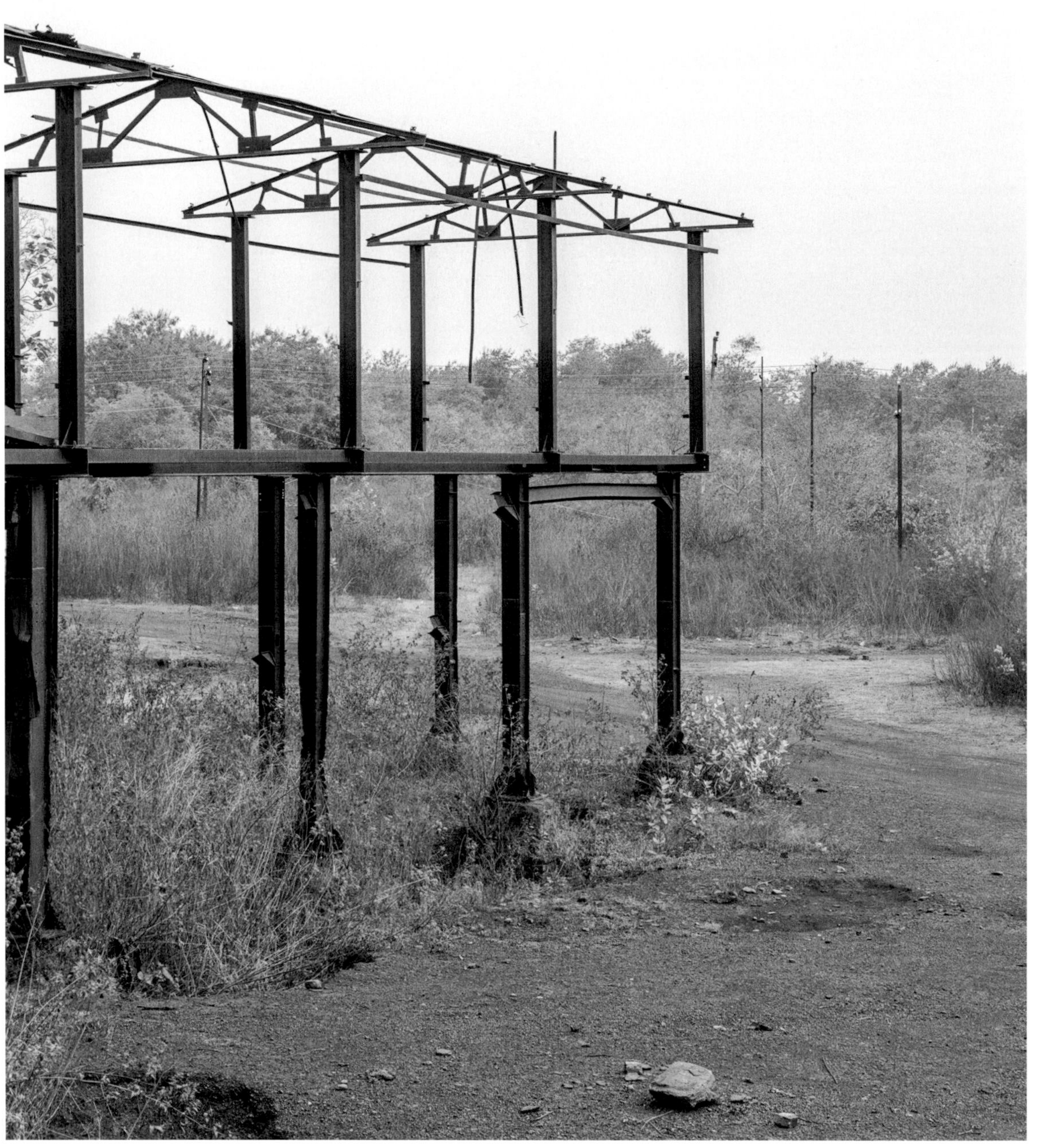

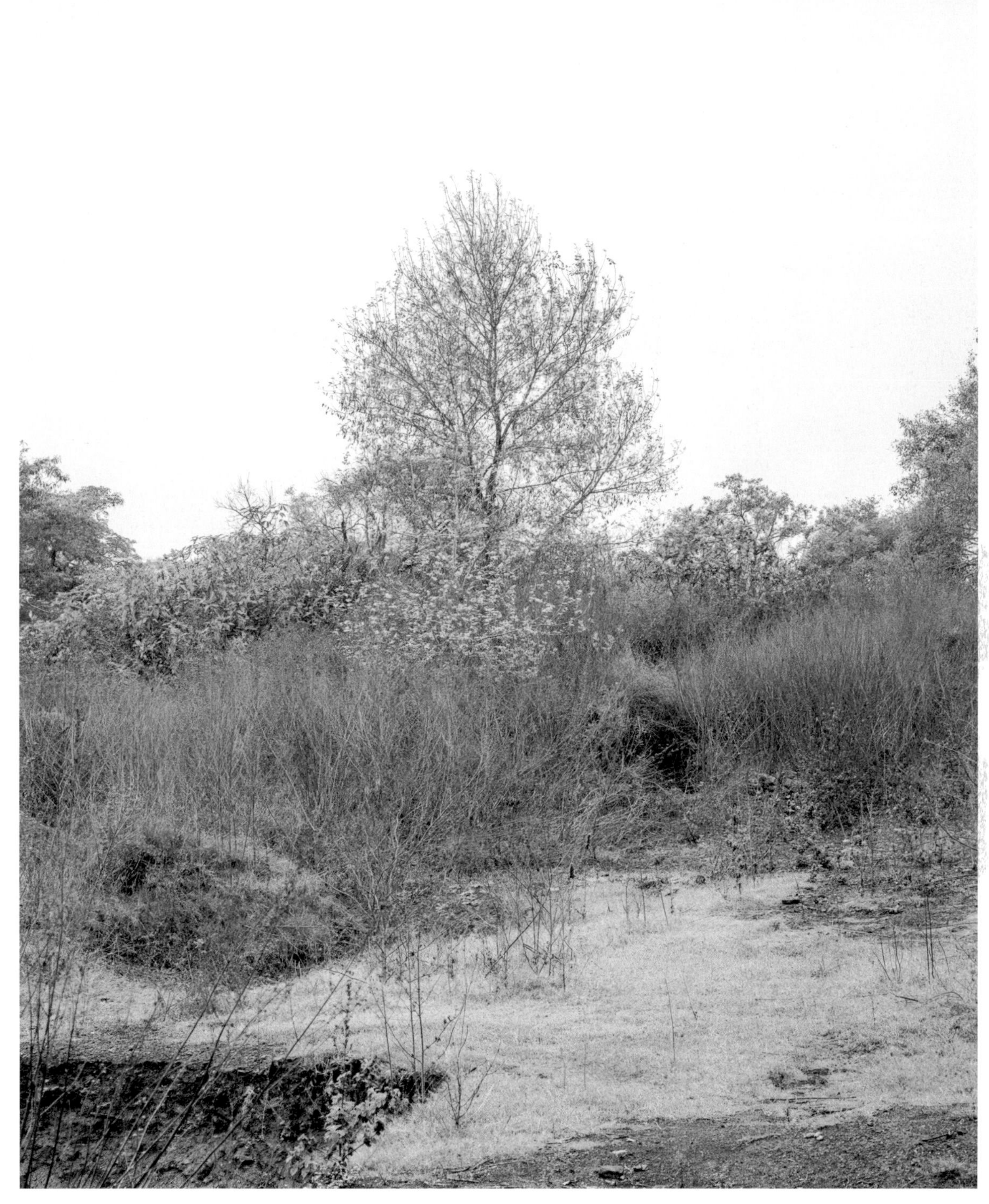

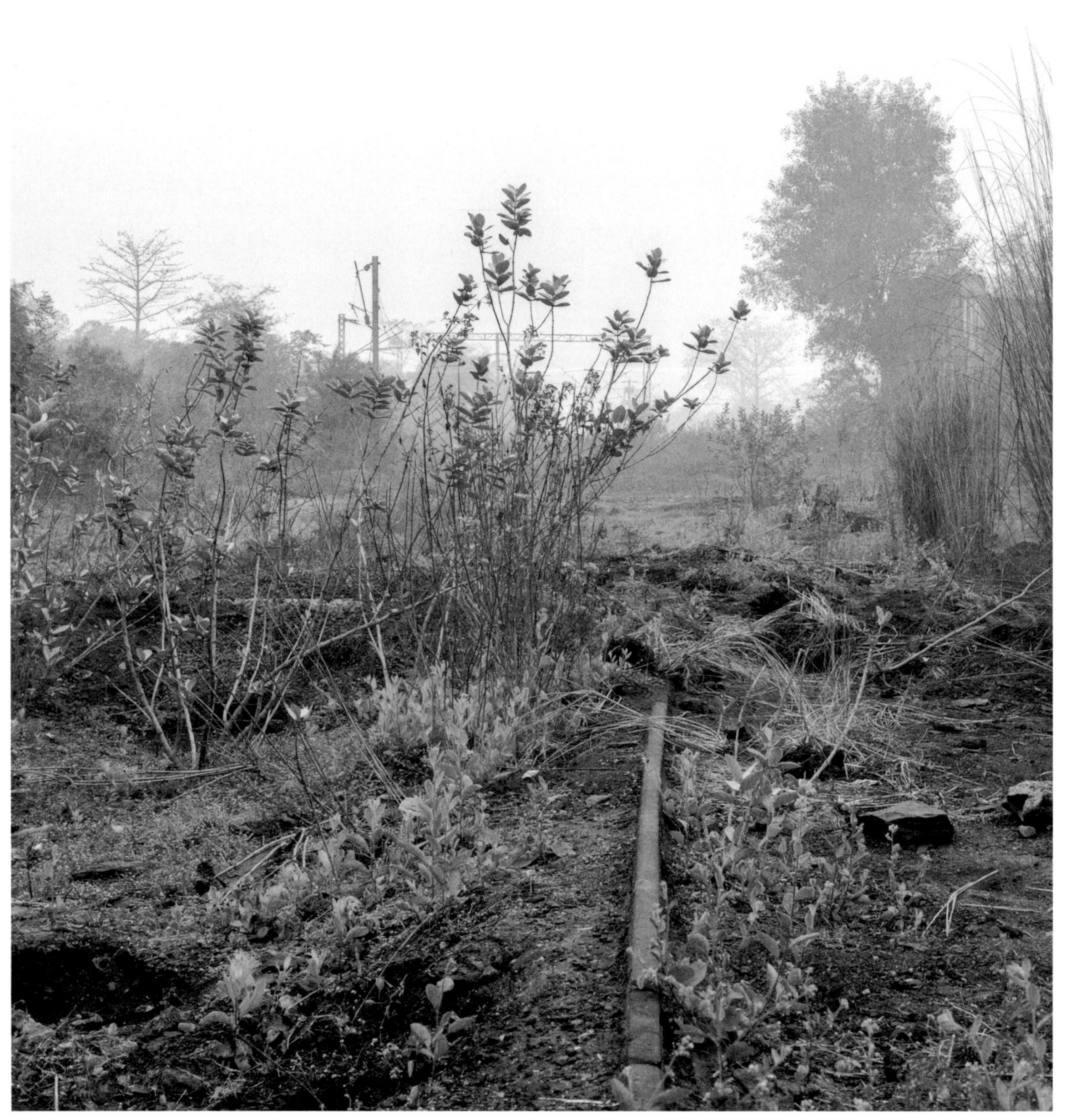

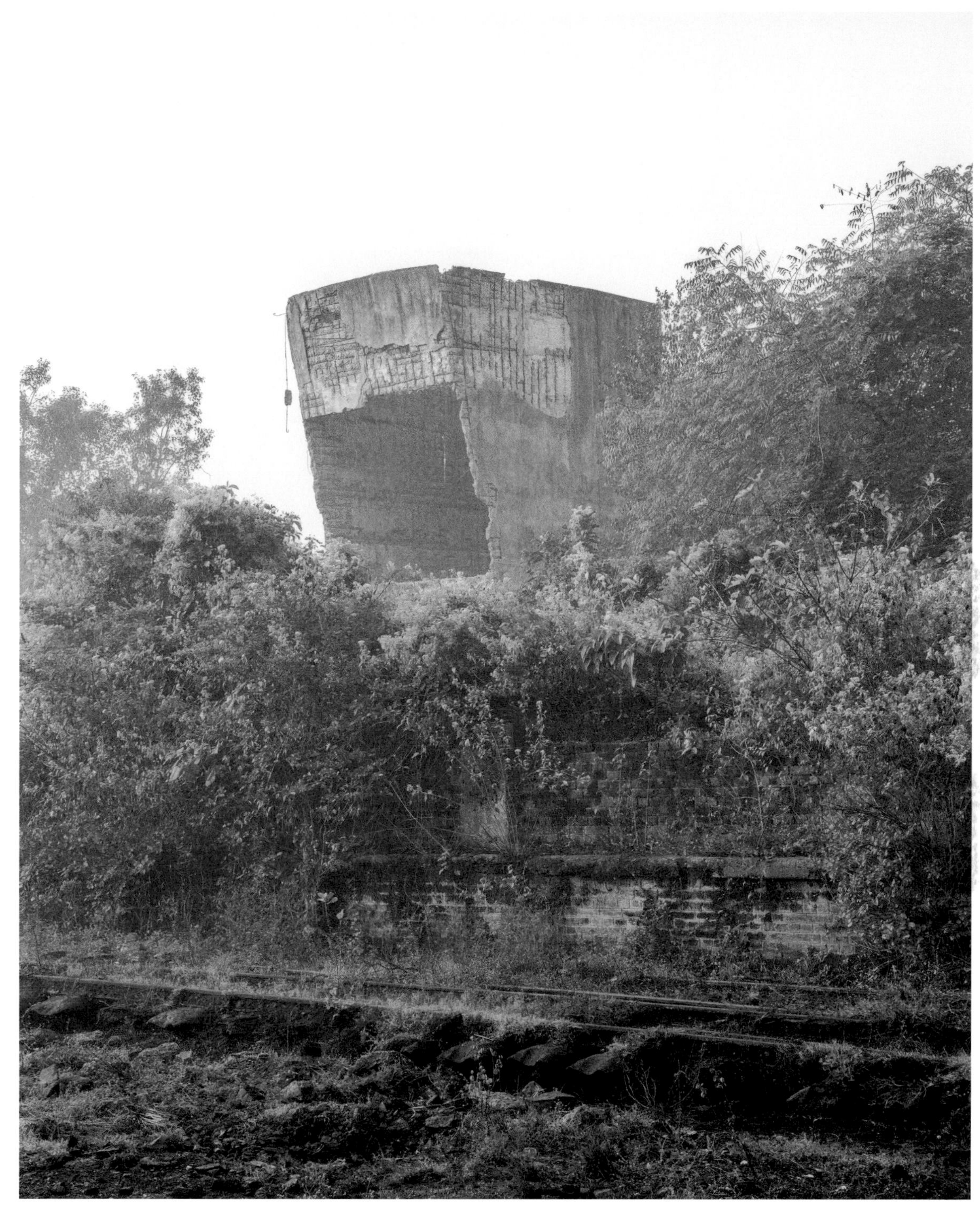

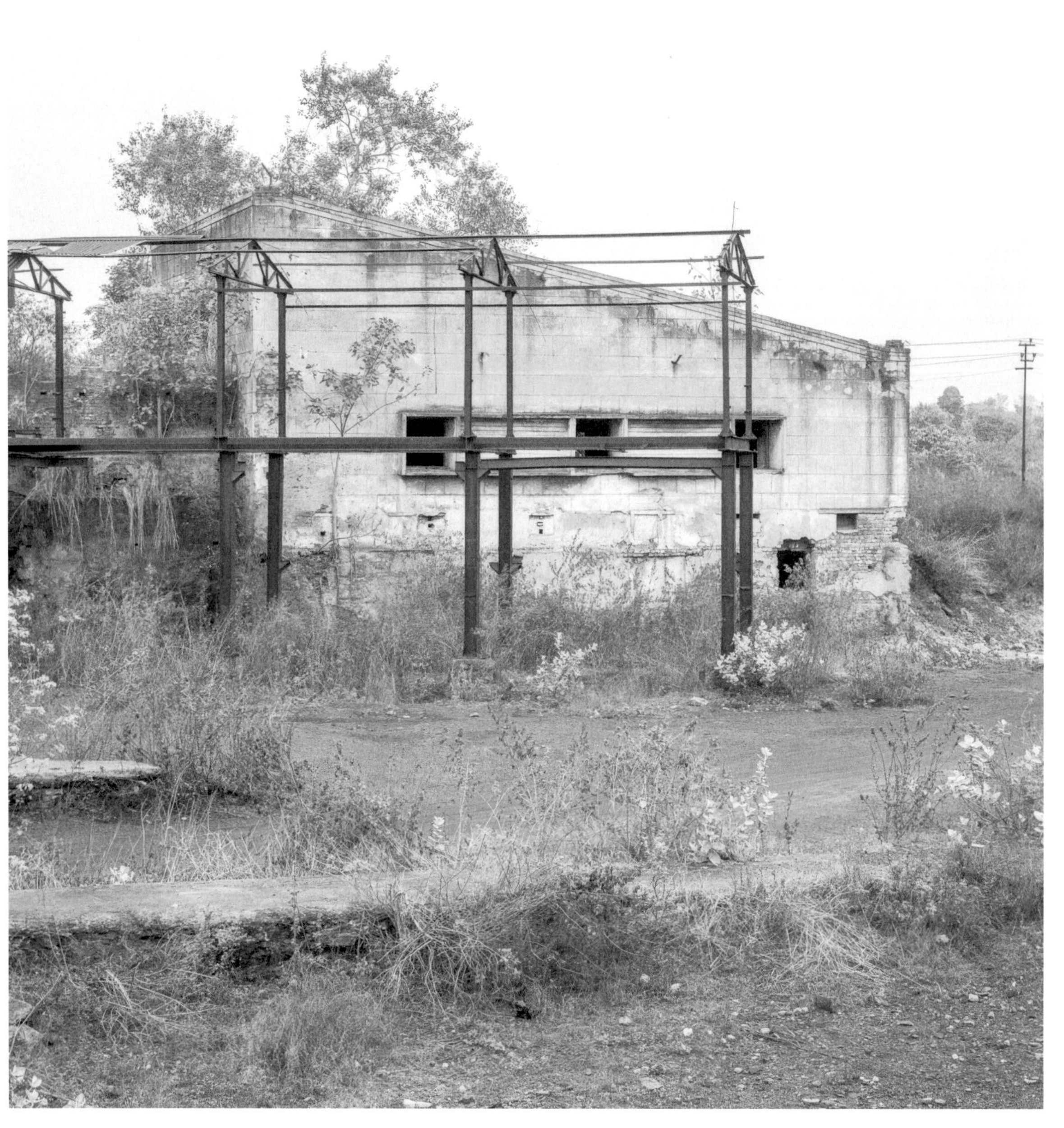

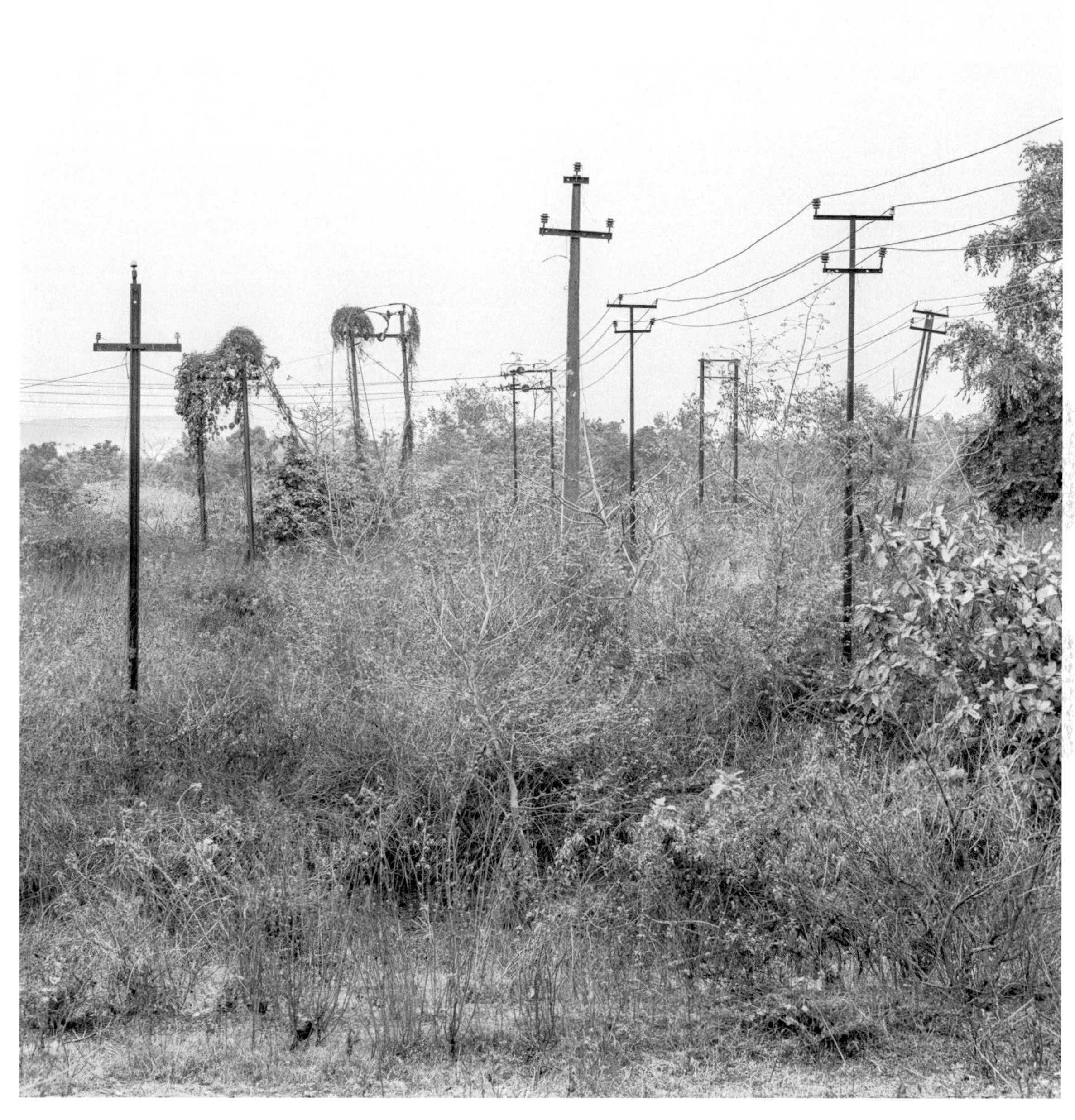

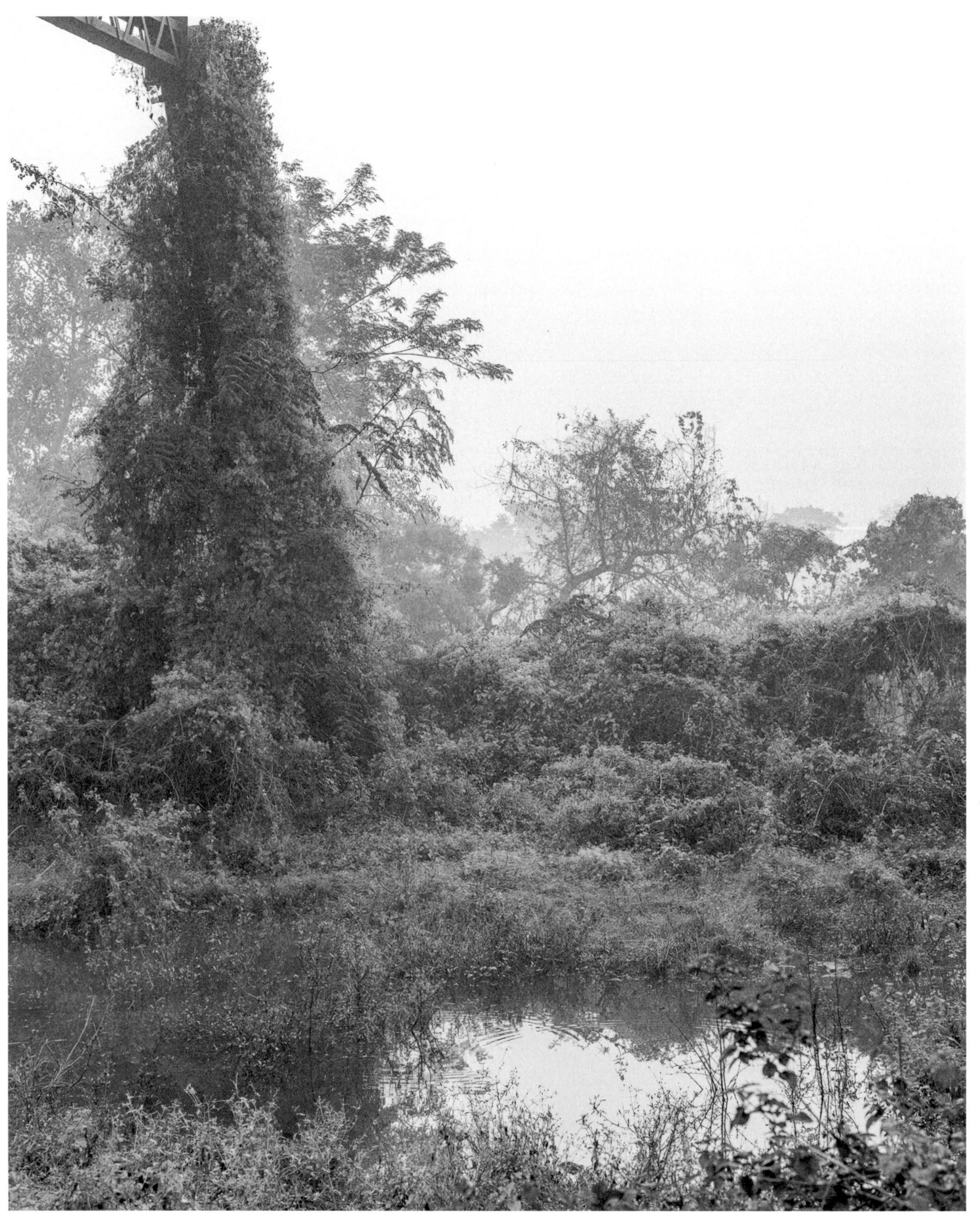

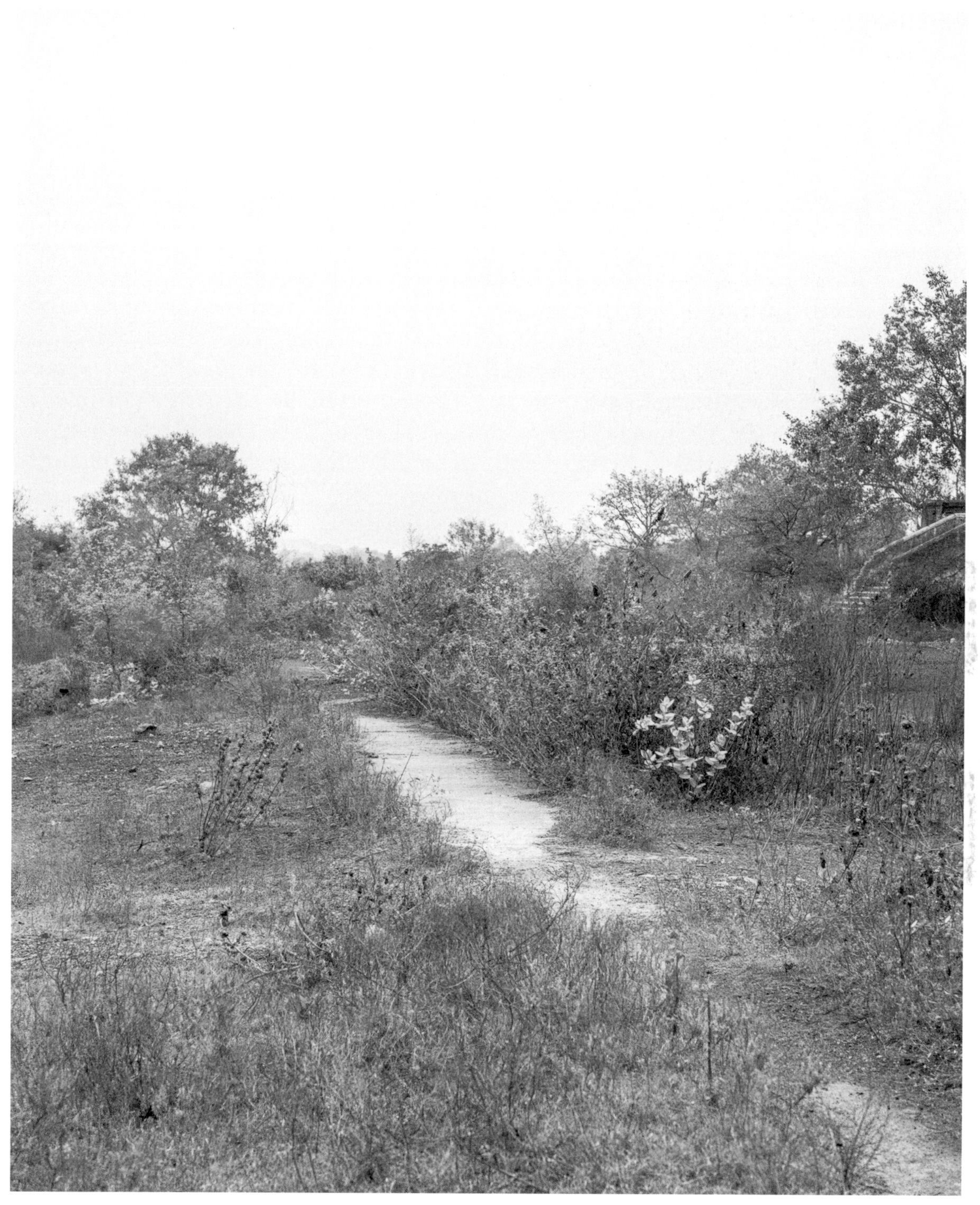

FOTOGRAFIE NACH DER NATUR

Katharina Täschner

Was bedeutet es, in einer Zeit »nach der Natur« zu leben? Lange galt Natur als all jenes, was ohne menschliches Zutun existiert: lebende Organismen, geologische Formationen, Gewässer, die Atmosphäre und die Gesamtheit der biologischen Prozesse, die in der Umwelt am Werk sind. Es zählt zu den schmerzlichen Einsichten der letzten Jahre, dass es sich bei der allgemein angenommenen Universalität des Begriffs »Natur« um einen Trugschluss handelt. Weder lassen sich in den verschiedenen Regionen der Welt deckungsgleiche Vorstellungen von Natur feststellen noch kann die Prämisse einer von menschlicher Aktivität unabhängig bestehenden Natur aufrechterhalten werden. Die Auseinandersetzung mit der Geschichte der Klimakrise zeigt: Vorstellungen von Natur sind relational, historisch gewachsen, von diversen Interessen geprägt – und nicht zuletzt durch Bilder beeinflusst.[1]

Vor diesem Hintergrund machen es sich aktuell zahlreiche Künstler:innen und Forscher:innen zur Aufgabe, zu einem besseren Verständnis des ambivalenten Verhältnisses zwischen technischen Bildgebungsverfahren und Natur beizutragen. Während wissenschaftliche Daten und Prognosen im Rauschen der globalen Multikrisen immer wieder aufs Neue überhört zu werden drohen, scheinen es Bilder zu erlauben, unmittelbarer über den Zustand des Planeten zu kommunizieren. Wie jüngst die Ausstellungen *Mining Photography* (2022, Museum für Kunst und Gewerbe, Hamburg) und *Image Ecology* (2023, C/O Berlin) gezeigt haben, ist die Bildproduktion jedoch selbst auf vielfältige Weise in die aktuelle Krise verwickelt. So wurde der Aufstieg von Fotografie und Film zu Massenmedien maßgeblich durch die wachsende fossile Brennstoffwirtschaft begünstigt und basiert bis heute auf einem globalen Rohstoffhandel, der mit massiven Konsequenzen für Mensch, Tier und Umwelt einhergeht.[2] Doch auch jenseits dieses materialitätsbasierten Ansatzes erlaubt eine ökologisch informierte Betrachtung, die visuellen Mechanismen nachzuvollziehen, anhand derer sich Vorstellungen von Natur manifestieren. Natur als fragiles Ökosystem, Natur als Ausdruck planetarer Kräfte, Natur als Quelle von Ressourcen, Natur als frei verfügbares Land und nicht zuletzt Natur als Hort von Schönheit und Vorbild der Kunst – dies sind nur einige der Konzepte, die mit eigenen visuellen Codes einhergehen. Erst im Bewusstsein dieser Repräsentationsstrategien erschließt sich, wie fotografische Bilder sowohl den Blick auf die Ursachen der Klimakrise verschleiern als auch vielfältige Perspektiven auf eine »anthropogene Natur«[3] der Zukunft eröffnen können. Eine ökologische Geschichte der Fotografie leistet somit mehreres zugleich. Sie generiert

PHOTOGRAPHY AFTER NATURE

Katharina Täschner

What does it mean to live in a period after nature? Nature has long been considered everything that exists without human intervention: living organisms, geological formations, bodies of water, the atmosphere, and all the biological processes that are at work in the environment. One of the distressing realizations of recent years is that the generally accepted universality of the term nature is a fallacy: it is just as impossible to find congruent concepts of nature in the various regions of the world as it is to believe that there is such thing as nature existing independently of human activity. An examination of the history of the climate crisis reveals that concepts of nature are relational, have developed over time, are shaped by diverse interests, and – not least of all – are influenced by images.[1]

With this in mind, many artists and scholars are currently taking it upon themselves to contribute to a better understanding of the ambivalent relationship between image-making technologies and nature. While the background noise of global multicrises repeatedly threatens to drown out scientific data and prognoses, this appears to give images the ability to communicate more directly about the state of the planet. As the exhibitions *Mining Photography* (2022, Museum für Kunst und Gewerbe Hamburg) and *Image Ecology* (2023, C/O Berlin) have shown, in many ways the production of images is actually involved in the current crisis. For example, the advancement of photography and film to mass media was decisively facilitated by the growing fossil fuel economy and continues to be based on the global trade of resources that has tremendous consequences for humans, animals, and the environment.[2] Yet even more than a material-based approach, an ecologically informed examination encourages us to understand the visual mechanisms that manifest concepts of nature. Nature as a fragile ecosystem, nature as the expression of planetary forces, nature as the source of resources, nature as readily available land, and, finally, nature as a haven of beauty and a model for art – these are just a few of the concepts behind the visual codes. Only when we are aware of these strategies of representation does it become apparent how photographic images can both blur our view of the causes of the climate crisis and open up a wide range of prospects for the “anthropogenic nature”[3] of the future. An ecological history of photography accomplishes several things at once: it generates points of reference for new artistic approaches, allows for updated access of already known material, and ultimately supplements existing histories of ecologically engaged image practices with a perspective relating to media theory.[4]

Anknüpfungspunkte für neue künstlerische Ansätze, ermöglicht aktualisierte Zugriffe auf bereits bekannte Materialien und ergänzt schließlich bestehende Geschichten ökologisch engagierter Bildpraktiken um eine medientheoretische Perspektive.[4]

EINE FORMULIERUNG, ZWEI LESARTEN

Im Diskurs um die zeitgenössische Kunst knüpft die Formel »nach der Natur« in der Regel an die eingangs skizzierte Feststellung an, dass die Vorstellung von einer »ursprünglichen« Natur auf der einen und einer »geformten« Kultur auf der anderen Seite im 21. Jahrhundert nicht mehr trägt.[5] Sie artikuliert das Gefühl des Umschlagens von einem Davor in ein Danach, wobei die genaue Bruchlinie nur schwer zu bestimmen ist. »Nach der Natur« bedeutet in diesem Fall die Kartierung eines Terrains, das aufgrund der Verschiebung einer grundlegenden Kategorie von zahlreichen Unbekannten durchzogen ist. Hier erweist sich Natur als »herrschende Abstraktion«, in der sich imperiale Ansprüche manifestieren, als »hypertechnische[s] Zeitalter der kommenden Menschen« oder gar als Konzept, das einem ökologischen Denken im Wege steht.[6] In der Geschichte der Kunst und später auch der Fotografie hat die Formulierung »nach der Natur« jedoch eine zusätzliche Bedeutung. Sie knüpft an das Prinzip der Mimesis an, das die Natur – keineswegs auf die vegetabile Umwelt beschränkt – zum Vorbild der Künste erhebt.[7] Hiermit ist die Transformationsleistung angesprochen, die Künstler:innen mit der Übertragung der Wirklichkeit in ein Bild erbringen. Durch die Kamera und die fotochemischen Prozesse der Bildentwicklung wird diese Umwandlung zu einem vermeintlich objektiven Vorgang. Wenn sich »Fotografie nach der Natur« im 19. Jahrhundert also zu einem geläufigen Zusatz auf den Montagekartons kommerziell vertriebener Abzüge entwickelt, spiegeln sich hierin nicht nur Referenzen auf eine bis in die Antike zurückreichende künstlerische Theoriebildung, sondern auch Erwartungshaltungen an das fotografische Bild. Im Sinne einer ökologischen Geschichte der Fotografie möchte ich im Folgenden den Versuch unternehmen, beide Lesarten miteinander zu verbinden, und die Frage stellen: Was gibt eine historische »Fotografie nach der Natur« heute zu erkennen?

ÉTUDE D'APRÈS NATURE

Die bereits aus der bildenden Kunst bekannte *Étude d'après nature*, die Studie nach der Natur, entwickelte sich im 19. Jahrhundert zu einer fotografischen Bildform, die sich vornehmlich durch ihren Gebrauch auszeichnete. Es handelt sich um Vorlagen für die Produktion von Gemälden, die sowohl als Ausgangspunkt für die kompositorische Gesamtanlage als auch für einzelne Bildelemente dienen konnten. In dieser Funktion stand die fotografische *Étude d'après nature* in einer langen Tradition der akademischen Kunstausbildung, in der das Studium historischer Vorbilder eine zentrale Rolle einnahm. Sie teilte mit der zeichnerischen oder

ONE WAY OF WORDING IT, TWO WAYS OF READING IT

In contemporary art discourse, the phrase *after nature* is generally related to the duality of "unspoiled" nature and "shaped" culture that is no longer valid in the twenty-first century, as outlined at the beginning of this essay.[5] It articulates the feeling of a change from "before" to "after" in which the point of rupture is difficult to pinpoint. In this case, *after nature* means the mapping of a terrain that due to the shifting of a basic category is imbued with numerous unknown factors. Nature turns out to be a "ruling abstraction" in which imperial claims are manifested, as a "hypertechnical age of humans of the future," or even as a concept that stands in the way of ecological thinking.[6] In the history of art and later in the history of photography, the phrase *after nature* has an additional meaning that is linked to the principle of mimesis, which elevates nature – hardly limited to the plant environment – to the model of art.[7] This addresses the transformation that artists achieve by transferring reality to a picture. Through the camera and the chemical processes of developing, this transformation becomes an allegedly objective procedure. The common nineteenth-century practice of inscribing the phrase *photograph after nature* on the mounts of commercially produced prints not only reflects references to a development of theory that goes back to antiquity but also viewers' expectations of photographic images. In this essay, I would like to try to bring together both readings in the spirit of an ecological history of photography and examine what a historical *photograph after nature* can reveal to viewers today.

ÉTUDE D'APRÈS NATURE

Nature studies, already known in the visual arts as *études d'après nature*, developed in the nineteenth century into a form of photographic image that was primarily seen as useful. Utilized as reference material for producing paintings, they were the starting point for the overall composition as well as for individual elements. In this function, the photographic *étude d'après nature* was part of a long tradition of academic art education in which the study of historical models had a central role. Like drawn or painted studies, its purpose was to directly examine a particular motif and capture it for subsequent further development. Studies after nature "are stages in the process of image formation, incomplete semi-finished products, preliminary studies and sketches for an image that still remains to be created."[8] Starting in the mid-nineteenth century, even outside of France, a market was established for entire series that were not only conceived for individual use but were also utilized for teaching at art and vocational schools. Today, the study collections of academies convey – similar to the catalogs of photography studios – an impressive panorama of diverse motifs *after nature*

malerischen Studie den Anspruch einer unmittelbaren Anschauung eines Motivs, das bildnerisch erfasst und damit für die anschließende Weiterverarbeitung festgehalten wurde. Studien nach der Natur »sind Etappen auf dem Weg zur Bildwerdung, sind unfertiges Halbzeug, Vorstudien und Skizzen für ein Bild, das zuallererst noch zu schaffen ist.«[8] Auch außerhalb von Frankreich entstand so ab Mitte des 19. Jahrhunderts ein Markt für ganze Bildserien, die nicht nur für den Individualgebrauch vorgesehen waren, sondern auch Eingang in den Unterricht an Kunst- und Gewerbeschulen fanden. Deren Studiensammlungen vermitteln heute ebenso wie die Kataloge der fotografischen Vertriebe ein beeindruckendes Panorama der vielfältigen Motive, die »nach der Natur« zirkulierten: Landschaften, Architektur, Porträts, Objektstudien, Aktdarstellungen und Kunstreproduktionen sind nur die geläufigsten Formen der fotografischen *Étude d'après nature*.[9]

In ihrer formalen Präsentation entsprachen die Abzüge den Konventionen der Zeit (Abb. 1). Die Aufnahmen wurden nicht ohne Verarbeitung angeboten, sondern auf Karton aufgezogen und mit ergänzenden Informationen zu Fotograf:in, Verkaufsort oder Bildgegenstand versehen. Zu diesen »Paratexten«[10] der kommerziell vertriebenen Fotografie zählt auch die Formel »Fotografie nach der Natur«, die meist in einer ähnlichen Größe wie die Fotograf:innenangabe unterhalb des Abzugs positioniert wurde. Wie eine Handreichung zur Einordnung des Gesehenen verweist die Formulierung auf den intendierten Gebrauchszusammenhang der Aufnahme, markiert zugleich aber auch die angenommene Objektivität und Wahrhaftigkeit des fotografischen Bilds. Diese Überblendung einer an die klassische akademische Studie anknüpfenden Formulierung mit dem fotografischen Diskurs des 19. Jahrhunderts resultiert maßgeblich aus der besonderen Signifikanz, die dem Begriff »Natur« in diesem Zusammenhang zugeschrieben wurde: Sei es in William Henry Fox Talbots *Pencil of Nature* oder in den frühen Reaktionen auf die Präsentation der ersten Daguerreotypien in Paris – fotografische Bilder wurden ungeachtet des konkret angewandten Verfahrens als Ausdruck einer sich selbst ins Bild setzenden Natur aufgefasst.[11] In der Konsequenz galt die Fotografie auch weit über die Frühzeit des Mediums hinaus als ein Verfahren, das der Natur näherstand als die Malerei oder andere Formen der bildenden Künste. Da sich für viele Kommentator:innen des 19. Jahrhunderts zwischen der abgebildeten Natur und der Wirklichkeit an sich keine künstlerisch herbeigeführte Differenz ausmachen ließ, sahen sie in der Fotografie das Prinzip der Mimesis ausgesetzt.[12] Hieraus erklärt sich die Motivation hinter der prominenten Platzierung der Formel »Fotografie nach der Natur« direkt unter dem Motiv – was in der Diskussion um den Status der Fotografie als Kunst als Malus aufgefasst wurde, erwies sich in ihrer Vermarktung als Vorlagenmaterial als Qualität.

that were in circulation: landscapes, architecture, portraits, object studies, nudes, and art reproductions are only the most common forms of the photographic *études d'après nature*.[9]

In their formal presentation, the prints were commensurate with the conventions of the time (fig. 1). Never sold without further processing, the images were always mounted on cardboard and included information on the photographer, sales location, and subject. One of these "paratexts"[10] of commercially distributed photographs was the phrase *photograph after nature*, which was usually placed below the print in a font size similar to the information on the photographer. Like a helping hand for classifying the photograph, the wording refers to the picture's intended use, while also emphasizing the acquired objectivity and veracity of the photographic image. The similarity of this wording, which was reminiscent of classical academic studies, and the photographic discourse of the nineteenth century is primarily due to the special significance that the term *nature* was given within this context. From William Henry Fox Talbot's *Pencil of Nature* to the early reactions made in response to the presentation of the first daguerreotypes in Paris, photographic images were viewed as the expression of nature that inserted itself into the picture, regardless of the specific process used.[11] As a result, photography was considered – even long after the early days of the medium – a process that was closer to nature than painting or other forms of visual arts. Since many of the nineteenth-century commentators were unable to discern any artistic difference between depicted nature and reality, they failed to recognized the principle of mimesis in photography.[12] This explains the motivation behind the prominent placement of the phrase *photograph after nature* directly under the image – which was seen as a drawback in the discussion about the status of photography as art, but turned out to be a quality in its marketing for use as reference material.

A PINE FOREST NEAR BERLIN

One of the many possible examples of a historical photograph after nature is part of the study collection of Berlin University of the Arts. The photograph by Friedrich Albert Schwartz, which belongs to the series *Skizzen aus Wald und Flur* (Sketches of Forests and Fields), shows a pine forest on the outskirts of Berlin and was taken between 1867 and 1882.[13] The image is dominated by a pine tree with a crooked trunk that practically unhinges the picture: photographed from below on a steep inclination, a scene unfolds around the tree that is difficult to decipher at first glance. Although most of the surrounding pines are straight, they are staggered at varying angles and concentration in the image, making it not immediately apparent which elements might lend themselves to being developed in a painting. Schwartz nevertheless distinctively emphasizes the characteristic morphology of the pines with their tall trunks and

Eines unter vielen möglichen Beispielen einer historischen »Fotografie nach der Natur« findet sich in der Lehrsammlung der Universität der Künste Berlin. Dic Aufnahme von Friedrich Albert Schwartz stammt aus der Serie *Skizzen aus Wald und Flur* und zeigt einen Kiefernwald im Berliner Umland, der zwischen 1867 und 1882 fotografiert wurde.[13] In ihrem Zentrum steht eine Kiefer, deren krumm gewachsener Stamm das Bild jedoch nahezu aus den Angeln hebt: In starker Untersicht und an einem abfallenden Hang fotografiert, entfaltet sich um den Baum eine auf den ersten Blick nur schwer zu erfassende Szenerie. Obwohl die umliegenden Kiefern überwiegend aufrecht gewachsen sind, staffeln sie sich in variierenden Neigungen und Dichten ins Bild, sodass nicht unmittelbar ersichtlich wird, welche Elemente sich für eine malerische Weiterverarbeitung anbieten könnten. Nichtsdestotrotz hebt Schwartz die charakteristische Morphologie der Kiefer mit hochgewachsenem Stamm und nach oben verlagertem Nadelwerk markant hervor, wodurch der Wald in seinem Zustand zwischen Kultivierung und wildem Wachstum erfahrbar wird – eine auffallend unscheinbarer Zustand, der sich erst in seiner Funktion als Vorstufe als bildwürdig erweist.

Abb. / Fig. 1 Friedrich Albert Schwartz, Kiefernwald / Pine Forest
aus der Serie / from the series *Skizzen aus Wald und Flur*
[Sketches of Forests and Fields], 1867–1882,
Albuminabzug / Albumen print
Universität der Künste Berlin Universitätsarchiv

Die Wahrscheinlichkeit, wie Schwartz im Berliner Umland auf einen Kiefernwald zu stoßen, war bereits in den 1870er Jahren hoch: Mit einem Anteil von rund 70 Prozent machte die Kiefer um 1865 den größten Anteil der Baumbestände in Preußen aus.[14] Ursächlich für diese weitreichende Verbreitung waren forstwirtschaftliche Maßnahmen, die aus der Übernutzung von Eichen- und Buchenbeständen im ausgehenden 18. Jahrhundert resultierten. Mit dem Wachstum der Städte Berlin und Potsdam, steigenden Bevölkerungszahlen und der Ansiedlung neuer Industrien, insbesondere von Glashütten und metallverarbeitenden Betrieben, ging ein steigender Holzbedarf einher, dem jedoch nicht mit hinreichender Aufforstung begegnet wurde. Auf den durch die ungenügende Bewirtschaftung erschöpften Böden ließen sich schließlich nur noch Kiefern kultivieren: ein verhältnismäßig anspruchsloser Baum, der schnelle Holzerträge liefert. Innerhalb von Jahrzehnten wandelte sich das Waldbild so von dem ehemals vorherrschenden Mischwald hin zu Kiefernmonokulturen, die auch heute noch prägend für die Waldlandschaft der Region sind. Wenngleich unklar ist, wie das fotografierte Waldstück konkret genutzt wurde, ist die Geschichte des Kiefernwalds in Nordostdeutschland doch so eng mit den Prozessen der Industrialisierung und des demografischen Wandels am Beginn des Klimawandels

expansive crowns of needles toward the top, making it possible to experience the forest's intermediate state between cultivated and wild growth – a markedly nondescript state that only proves its visual worthiness in its function as a preliminary picture.

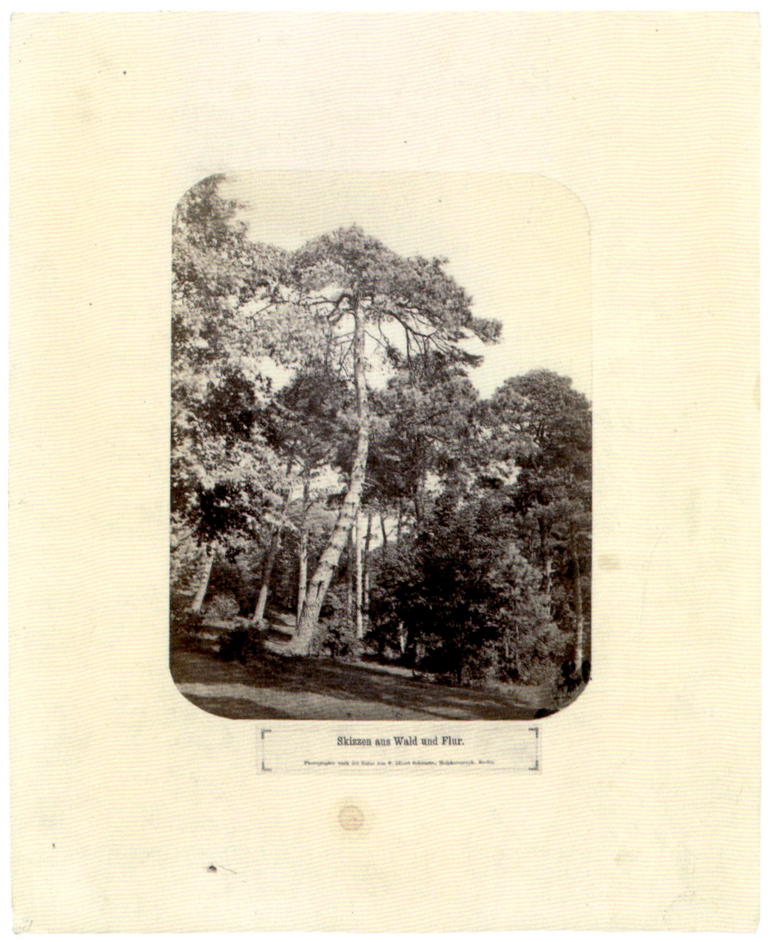

The probability of encountering a pine forest in the surroundings of Berlin, as Schwartz did, was quite high in the 1870s since approximately seventy percent of the trees in Prussia around 1865 were pines.[14] The high incidence of pines was related to forestry measures resulting from the overuse of oak and beech stock in the late eighteenth century. Urban growth in Berlin and Potsdam, the rise in population, and the establishment of new industries, especially glass factories and plants for processing metal, contributed to an increase in wood use, which in spite of reforestation attempts could not be sufficiently met. Exhausted by inadequate cultivation, the soil could ultimately only support pines, relatively undemanding trees that quickly produce lumber. Within a few decades, the forests of Brandenburg were transformed from predominantly mixed forests to pine monocultures that are still

verbunden, dass die Aufnahme aus heutiger Sicht über ihre Funktion als Vorlage hinausweist. Angesichts der Anfälligkeit von Kiefernmonokulturen für Schädlinge und Waldbrände sowie der nur langsam voranschreitenden Bemühungen um Diversifizierung der Baumbestände steht sie zudem für die *longue durée* der Entscheidungen, die wirtschaftlichen Erwägungen den Vorrang gegenüber ökologischen Belangen einräumen.[15]

Zwischen den verschiedenen Bedeutungsebenen der Formel »nach der Natur« entspinnt sich somit ein für die Geschichte der Fotografie, den Film und die generativen Bildgebungsverfahren der Gegenwart produktives Spannungsfeld. Bereits der historische Gebrauch des Studienmaterials trägt eine gewisse Ambiguität in sich: Einerseits zeigt sich in der ihm zugeschriebenen Funktion ein Verständnis von der Fotografie als transparentes, die eigene Gemachtheit negierendes Medium, das seitens der Fototheorie lange Zeit fortgeschrieben wurde und durch die aktuellen Forschungen zu den Auswirkungen ihrer Produktion auf die Umwelt nun abermals dekonstruiert wird. Andererseits verortet sich der praktische Gebrauch der Aufnahmen als Vorlagen für die Produktion von Gemälden wiederum in einem Kontext, der Bildwerdung per se als einen Transformationsprozess markiert. Auch hier kann die historische Gegenüberstellung medialer Logiken als Memento dienen, die verwendeten visuellen Codes ernst zu nehmen: Es ist ein Unterschied, ob Schwartz den Kiefernwald als pittoreske Landschaft, forstwirtschaftlichen Betrieb oder ungeordnetes Stück Natur fotografiert. Wenngleich heute ein stärkeres Bewusstsein dafür besteht, dass fotografische Bilder geformte Objekte sind, so gilt es doch dieses Wissen immer wieder neu zu vermitteln – auch wenn es um die Dokumentation der Folgen der Klimakrise geht. Vor diesem Hintergrund kann eine auf die Gegenwart bezogene, durch die Erfahrung der Klimakrise informierte Lesart der Formulierung »nach der Natur« zudem ein Bewusstsein für all jene Momente schaffen, in denen sich Vorstellungen von Natur gleichsam hintergründig manifestieren. Eine ökologische Geschichte der Fotografie bringt somit nicht nur eigene Bildformen hervor, sondern verändert auch den Blick auf bestehende Bilder. Sie arbeitet gegen eine »Naturalisierung«[16] technischer Bilder an und erkundet zugleich deren Potenzial für neue, zukunftsfähige Vorstellungen von Natur.

KATHARINA TÄSCHNER ist Fotohistorikerin und Kuratorin. Als ehemalige Stipendiatin des Programms »Museumskurator:innen für Fotografie« der Alfried Krupp von Bohlen und Halbach-Stiftung hat sie an zahlreichen internationalen Ausstellungsprojekten in Deutschland, Frankreich und der Schweiz mitgewirkt. Bei C/O Berlin kuratiert sie den *After Nature . Ulrike Crespo Photography Prize*.

characteristic of the region. While it is unclear how this photographed forest view was exactly used, the history of the pine forest in northeastern Germany is so closely linked with the processes of industrialization and the demographic transformation at the beginning of climate change that from today's perspective the photograph transcends its function as reference material. In view of pine monocultures' susceptibility to vermin and forest fires as well as the slowly progressing attempts to diversify the tree population, the image also represents the longue durée of decisions that gave economic considerations precedence over ecological issues.[15]

The different levels of meaning of the phrase *after nature* produce a field of tension that is productive for the history of photography, film, and the generative image-producing processes of the present. The historical use of study material already includes an element of ambiguity. On the one hand, the designated function reveals an understanding of photography as a transparent medium that negates its own fabricated nature, which photography theory perpetuated for a long time and has once again been deconstructed by current research on the impact of its production on the environment. On the other hand, the practical use of the images as reference material employed in producing paintings places them in turn in a context that marks the act of becoming an image as a transformative process. Here, too, the historical comparison of reasoning relating to the medium can serve as a reminder that we should take the visual codes employed seriously: it does make a difference for Schwartz to photograph the pine forest as a picturesque landscape, a forestry business, or a disorderly piece of nature. Although there is a greater awareness today of the fact that photographs are shaped objects, it is important to always reiterate this knowledge – including for the purpose of documenting the consequences of the climate crisis. Against this background, a new way of reading the phrase *after nature* in a way that is related to the present and informed by the experience of climate change can also create an awareness of all the moments in which concepts of nature manifest themselves incidentally as well. An ecological history of photography does not only bring forth new visual forms; it also changes the view of images that already exist. It works against a "naturalization"[16] of technological images while investigating their potential for new, sustainable concepts of nature.

KATHARINA TÄSCHNER is a photo historian and curator. As a former fellow of the Alfried Krupp von Bohlen und Halbach-Stiftung's program "Museum Curators for Photography," she has participated in numerous international exhibition projects in Germany, France, and Switzerland. At C/O Berlin she is curator of the *After Nature . Ulrike Crespo Photography Prize.*

1 Zur »Schwierigkeit der Konzeptualisierung von Natur« siehe Hartmut Böhme, »Natürlich/Natur«, in: *Ästhetische Grundbegriffe*, Bd. 4, hg. von Karlheinz Barck u. a., Stuttgart und Weimar 2002, S. 432–498, hier S. 432–439. Siehe weiterführend auch Philippe Descola, *Jenseits von Natur und Kultur* [2005], Berlin 2011, und Bruno Latour, *Kampf um Gaia. Acht Vorträge über das neue Klimaregime* [2015], Berlin 2017.

2 Vgl. *Mining Photography. Der ökologische Fußabdruck der Bildproduktion*, hg. von Boaz Levin, Esther Ruelfs und Tulga Beyerle, Ausst.-Kat. Hamburg, Museum für Kunst und Gewerbe, Leipzig 2022, und *Image Ecology*, hg. von Boaz Levin und Kathrin Schönegg, Ausst.-Kat Berlin, C/O Berlin, Leipzig 2023.

3 Hartmut Böhme, »Ökologie, Ästhetik und Technik in der dritten Natur«, in: *Dritte Natur. Technik, Kapital, Umwelt*, 1. Jg., Nr. 1, 2018, S. 6–21, hier S. 11.

4 Einen Einblick in die verschiedenen Facetten einer ökologischen Geschichte der Fotografie bietet *Les histoires écologiques de la photographie*, hg. von Teresa Castro, Brenda Lynn Edgar und Estelle Sohier, Ausgabe der Zeitschrift *Transbordeur*, Nr. 8, 2024.

5 Siehe beispielsweise *Speculations on Anonymous Materials – Nature After Nature – Inhuman*, hg. von Susanne Pfeffer, Ausst.-Kat. Kassel, Fridericianum, London 2018; T. J. Demos, »Art After Nature«, in: *Artforum*, Bd. 50, Nr. 8, 2012, S. 191–198, sowie weiterführend Jedediah Purdy, *After Nature. A Politics for the Anthropocene*, Cambridge und Massachusetts 2015.

6 Vgl. Jason Moore, »Kapitalismus, Natur und der prometheische Blick. Von Mercator bis zum Weltraumzeitalter«, in: *Image Ecology* (wie Anm. 2), S. 65–75; Böhme 2018 (wie Anm. 3), S.11, und Timothy Morton, *Ökologie ohne Natur. Eine neue Sicht der Umwelt* [2007], Berlin 2016.

7 Vgl. hierzu auch Hartmut Böhme, *Aussichten der Natur. Naturästhetik in Wechselwirkung von Natur und Kultur* [2017], Berlin [2]2020, S. 12–16, der in aller Kürze verschiedene Auslegungen eines »Zeitalters nach der Natur« skizziert.

8 Bernd Stiegler, »Nach der Natur. Die Études d'après nature«, in: *Vorbilder Nachbilder. Die fotografische Lehrsammlung der Universität der Künste Berlin 1850–1930*, hg. von Ulrich Pohlmann, Dietmar Schenk und Anastasia Dittmann, Ausst.-Kat. München, Stadtmuseum, Köln 2020, S. 68–77, hier S. 68.

9 Vgl. ebd., insbes. S. 68–72.

10 Vgl. Gérard Genette, *Paratexte. Das Buch vom Beiwerk des Buches* [1987], Frankfurt am Main 2014.

11 Einen Überblick bietet Bernd Stiegler, *Theoriegeschichte der Fotografie*, München 2006.

12 Vgl. Gunter Gebauer und Christoph Wulf, *Mimesis. Kultur – Kunst – Gesellschaft*, Hamburg 1992, S. 84.

13 Die Datierung ergibt sich aus dem verso auf dem Blatt angebrachten Adressaufkleber des Ateliers in der Friedrichstraße 115, das Schwartz in diesem Zeitraum betrieb. Vgl. den Sammlungseintrag unter https://www.bildindex.de/document/obj18912580 (abgerufen am 15. März 2024). Informationen zu den Ateliers, die Schwartz im Laufe seiner Karriere betrieb, finden sich in Ines Hahn, »Das Berliner Album des Fotografen F. Albert Schwartz«, in: *Camera Berolinensis. Das Berlin Album des Fotografen F. Albert Schwartz*, 1836–1906, Ausst.-Kat. Berlin, Stiftung Stadtmuseum Berlin, 2006, S. 11–17.

14 Albrecht Milnik, »Zur Geschichte der Kiefernwirtschaft in Nordostdeutschland«, in: *Die Kiefer im nordostdeutschen Tiefland – Ökologie und Bewirtschaftung*, hg. von der Landesforstanstalt Eberswalde, Potsdam 2007, S. 14–21, hier S. 16. Auch die übrigen Informationen in diesem Absatz stammen aus Milniks Artikel.

15 Auch im Jahr 2023 betrug der Anteil von Kiefern in Brandenburg 70,1 Prozent. Siehe *Waldzustandsbericht 2023 des Landes Brandenburg*, hg vom Ministerium für Landwirtschaft, Umwelt und Klimaschutz, Potsdam 2023, S. 13. Online unter https://forst.brandenburg.de/sixcms/media.php/9/wzb23.pdf (abgerufen am 14. Juni 2024).

16 Vgl. Siobhan Angus, *Camera Geologica. An Elemental History of Photography*, Durham 2024, S. 25.

1 On the "difficulty of conceptualizing nature," see Hartmut Böhme, "Natürlich/Natur," in *Ästhetische Grundbegriffe*, vol. 4, ed. Karlheinz Barck et al. (Stuttgart and Weimar, 2002), pp. 432–98, here pp. 432–39. See also Philippe Descola, *Beyond Nature and Culture* [2005], trans. Janet Lloyd (Chicago, 2013); and Bruno Latour, *Facing Gaia: Eight Lectures on the New Climatic Regime* [2015], trans. Catherine Porter (Oxford, 2017).

2 See *Mining Photography: The Ecological Footprint of Image Production*, ed. Boaz Levin, Esther Ruelfs, and Tulga Beyerle, exh. cat. Museum für Kunst und Gewerbe, Hamburg (Leipzig, 2022); and *Image Ecology*, ed. Boaz Levin and Kathrin Schönegg, exh. cat. C/O Berlin, Berlin (Leipzig, 2023).

3 Hartmut Böhme, "Ökologie, Ästhetik und Technik in der dritten Natur," *Dritte Natur: Technik, Kapital, Umwelt* 1, no. 1 (2018), pp. 6–21, here p. 18.

4 An overview of the various facets of an ecological history of photography is offered by "Les Histoires écologiques de la photographie," ed. Teresa Castro, Brenda Lynn Edgar, and Estelle Sohier, special issue, *Transbordeur* no. 8 (2024).

5 See, for example, *Speculations on Anonymous Materials – Nature After Nature – Inhuman*, ed. Susanne Pfeffer, exh. cat. Fridericianum, Kassel (London, 2018); T. J. Demos, "Art after Nature," *Artforum* 50, no. 8 (2012), pp. 191–98; and Jedediah Purdy, *After Nature: A Politics for the Anthropocene* (Cambridge, MA, 2015).

6 See Jason Moore, "Between the Devil and the Deep Blue Marble: Capitalism, Nature, and the Promethean Gaze, from Mercator to the Space Age," in *Image Ecology* (see note 2), pp. 65–74; Böhme 2018 (see note 3), p. 11, and Timothy Morton, *Ecology Without Nature: Rethinking Environmental Aesthetics* (Cambridge and London, 2007).

7 See Hartmut Böhme, *Aussichten der Natur: Naturästhetik in Wechselwirkung von Natur und Kultur* [2017], 2nd edition (Berlin, 2020), pp. 12–16, which briefly summarizes various interpretations of an "age after nature."

8 Bernd Stiegler, "After Nature – The Études d'après nature," in *Paragons Afterimages: Photographs from the Berlin University of the Arts 1850–1930*, ed. Ulrich Pohlmann, Dietmar Schenk, and Anastasia Dittmann, trans. Susie Hondl, exh. cat. Münchner Stadtmuseum, Sammlung Fotografie, Munich (Cologne, 2020), pp. 69–77, here p. 69.

9 Cf. Stiegler 2020 (see note 8), pp. 69–73.

10 Cf. Gérard Genette, *Paratexts: Thresholds of Interpretation* [1987], trans. Jane E. Lewin (Cambridge and New York, 1997).

11 For an overview, see Bernd Stiegler, *Theoriegeschichte der Fotografie* (Munich, 2006).

12 Cf. Gunter Gebauer and Christoph Wulf, *Mimesis: Kultur – Kunst – Gesellschaft* (Hamburg, 1992), p. 84.

13 The date range can be surmised from the address label that is affixed to the verso of the sheet; it gives the studio address as Friedrichstrasse 115, which was run by Schwarz in this period. See the catalog entry at https://www.bildindex.de/document/obj18912580 (accessed on March 15, 2024). For more information on Schwarz's studios over the course of his career, see Ines Hahn, "Das Berliner Album des Fotografen F. Albert Schwartz," in *Camera Berolinensis: Das Berlin Album des Fotografen F. Albert Schwartz, 1836–1906*, exh. cat. Stiftung Stadtmuseum, Berlin (Berlin, 2006), pp. 11–17.

14 Albrecht Milnik, "Zur Geschichte der Kiefernwirtschaft in Nordostdeutschland," in *Die Kiefer im nordostdeutschen Tiefland – Ökologie und Bewirtschaftung*, ed. Landesforstanstalt Eberswalde (Potsdam, 2007), pp. 14–21, here p. 16. Milnik's article is also the source of the other information in this paragraph.

15 Pines made up 70.1 percent of the forests in Brandenburg in 2021 as well. See *Waldzustandsbericht 2023 des Landes Brandenburg*, ed. Ministerium für Landwirtschaft, Umwelt und Klimaschutz, Potsdam (Potsdam, 2023), p. 13; https://forst.brandenburg.de/sixcms/media.php/9/wzb23.pdf (accessed on June 14, 2024).

16 See Siobhan Angus, *Camera Geologica: An Elemental History of Photography* (Durham, NC, 2024), p. 25.

SARKER PROTICK

Sarker Protick (*1986, Bangladesch) ist Fotograf, Dozent und Kurator. Er hat am South Asian Media Institute – Pathshala in Dhaka studiert, wo er heute als Direktor des internationalen Programms tätig ist. Zudem ist er Co-Kurator des Chobi-Mela-Festivals, des am längsten bestehenden Fotofestivals in Asien. Seine Arbeiten thematisieren häufig verschiedene Ebenen von Zeitlichkeit und sind in Bangladesch und der historischen Region Bengalen angesiedelt. Sie werden in internationalen Ausstellungen gezeigt und erhielt verschiedene Stipendien und Preise, unter anderem war er Foam Talent und erhielt den Magnum Foundation Fund. Er lebt und arbeitet in Dhaka, Bangladesch.

Sarker Protick (*1986, Bangladesh) is a photographer, teacher, and curator. He studied at the South Asian Media Institute – Pathshala in Dhaka, where he now directs the international program. He is also co-curator of the Chobi Mela Festival, the longest running photography festival in Asia. His works often address different notions of time and are rooted in Bangladesh and the historical region of Bengal. They are shown in international exhibitions, and he has received various grants and awards for them, including Foam Talent and the Magnum Foundation Fund. He lives and works in Dhaka, Bangladesh.

IMPRESSUM / COLOPHON

Diese Publikation erscheint im Rahmen des *After Nature . Ulrike Crespo Photography Prize* 2024 anlässlich der Doppelausstellung / This book is published as part of the *After Nature . Ulrike Crespo Photography Prize* 2024 on the occasion of the double exhibition

Laura Huertas Millán . Curanderxs
und / and
Sarker Protick . অঙ্গার / Awngar

C/O Berlin Foundation
Amerika Haus
Hardenbergstrasse 22-24
10623 Berlin, Germany
www.co-berlin.org

14. September 2024 bis 22. Januar 2025 /
September 14, 2024, to January 22, 2025

Zweite Station im Frühjahr 2025 im Crespo Open Space, Frankfurt am Main / Second venue in spring 2025 at the Crespo Open Space, Frankfurt am Main

Ausstellungskuratorin / Exhibition Curator
Katharina Täschner

Leihgaben- und Ausstellungsmanagement /
Loans and Exhibition Management
Carolin Bollig

PUBLIKATION / PUBLICATION

Herausgeberin / Editor
Katharina Täschner für / for
C/O Berlin Foundation

Katalogredaktion / Catalog Editing
Katharina Täschner

Buchdesign / Book Design
Naroska Design

Lektorat / Copyediting
Dr. Sylvia Zirden (DE)
Sylee Gore (EN)

Übersetzungen / Translations
Kathrin Hadeler (DE)
Dr. Tas Skorupa (EN)

Fahnenkorrektorat / Proofreading
Uli Nickel (DE)
Dr. Tas Skorupa (EN)

Bildbearbeitung / Color separation:
Carsten Humme, Leipzig

Papier / Stock
135 g/m² Magno Volume, 330 g/m² Les Naturals

Druck und Bindung / Printing and Binding
Gutenberg Beuys Feindruckerei GmbH, Langenhagen

Erste Auflage / First edition September 2024

Erschienen bei / Published by
Hartmann Books
Liststrasse 28/1
70180 Stuttgart
hartmann-books.com

ISBN 978-3-96070-114-9

Printed in Germany

Ein gemeinsames Projekt von / A joint project of

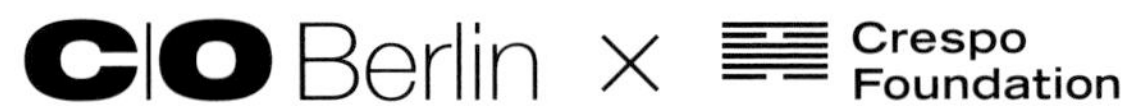

C/O BERLIN FOUNDATION

Vorstand / Executive Board
Stephan Erfurt, Vorstandsvorsitzender / CEO
Dr. Andreas Behr

Programm / Program
Sophia Greiff, Co-Programmleitung / Co-Head of Program
Boaz Levin, Co-Programmleitung / Co-Head of Program
Veronika Epple, Junior-Kuratorin / Junior Curator
Katharina Täschner, Junior-Kuratorin / Junior Curator

Leihgaben- und Ausstellungsmanagement / Loans & Exhibition Management
Carolin Bollig
Morgan Lacroix

Kaufmännische Leitung / Managing Director
Karin Hänsler

Sponsoring und / and Fundraising
Louisa Seelis, Leitung / Head of Sponsoring and Fundraising

Rechnungswesen / Finances and Accounting
Kirsten Mintert, Leitung / Head of Finance
Silke Willenborg

Education
Sibylle Kufus, Leitung / Head of Education
Frauke Menzinger

Kommunikation / Commmunication
Beatrice Di Buduo, Leitung / Head of Communication
Ksenia Disterhof, Presse- und Öffentlichkeitsarbeit / Press and Public Relations
Paulina Weiß, Digital Media

Veranstaltungsmanagement / Event Management
Eva Marx

Personalentwicklung / Human Resources Development
Louisa Seelis

Design
Marc Naroska, Leitung / Art Director
Max Schürmann, Design

Office Management
Katja Weinhold

Technik / Tech
Björn Rohde, Leitung / Technical Manager
Sebastian Biskup

C/O Berlin Friends
Sibylle Kufus, Geschäftsführung / Managing Director

Bookshop
Raluca Blidar, Leitung / Head of Bookshop

Besucher:innen Betreuung und Empfang / Visitor Care
Yanina Raspa, Leitung / Head of Visitor Care
Matthias Walendy, Leitung / Head of Visitor Care

Sria Chatterjee:
Abb. / Fig. 1: Thomas Daniell,
Indian Landscape with Temple Ruins
[Indische Landschaft mit Tempelruinen], 1820,
Öl auf Leinwand / oil on canvas, 34,9 × 46,4 cm,
New Haven, Yale Center for British Art,
Paul Mellon Collection, https://collections
.britishart.yale.edu/catalog/tms:717 (Zugriff
am 24. Juni 2024 / accessed on June 24, 2024),
Public Domain

Abb. / Fig. 2: James John Waterhouse,
Sanchi. Northern View of Tope
[Sanchi. Nordansicht des Stupa], ca. 1868,
Albuminabzug / albumen print, 18,2 × 24,0 cm,
Amsterdam, Rijksmuseum, https://www.rijksmuseum
.nl/en/collection/RP-F-2001-7-1123-1 (Zugriff
am 24. Juni 2024 / accessed on June 24, 2024),
Public Domain

Katharina Täschner:
Abb. / Fig. 1: Friedrich Albert Schwartz,
Kiefernwald / Pine Forest, aus der Serie /
from the series *Skizzen aus Wald und Flur*
[Sketches of Forests and Fields], 1867–1882,
Albuminabzug / Albumen print, 22,3 × 17,2 cm
(Bildmaß / image), Universität der Künste
Berlin, Universitätsarchiv 300d-XVIII, 285F
© UdK Berlin